传统文化下的素质教育新思维

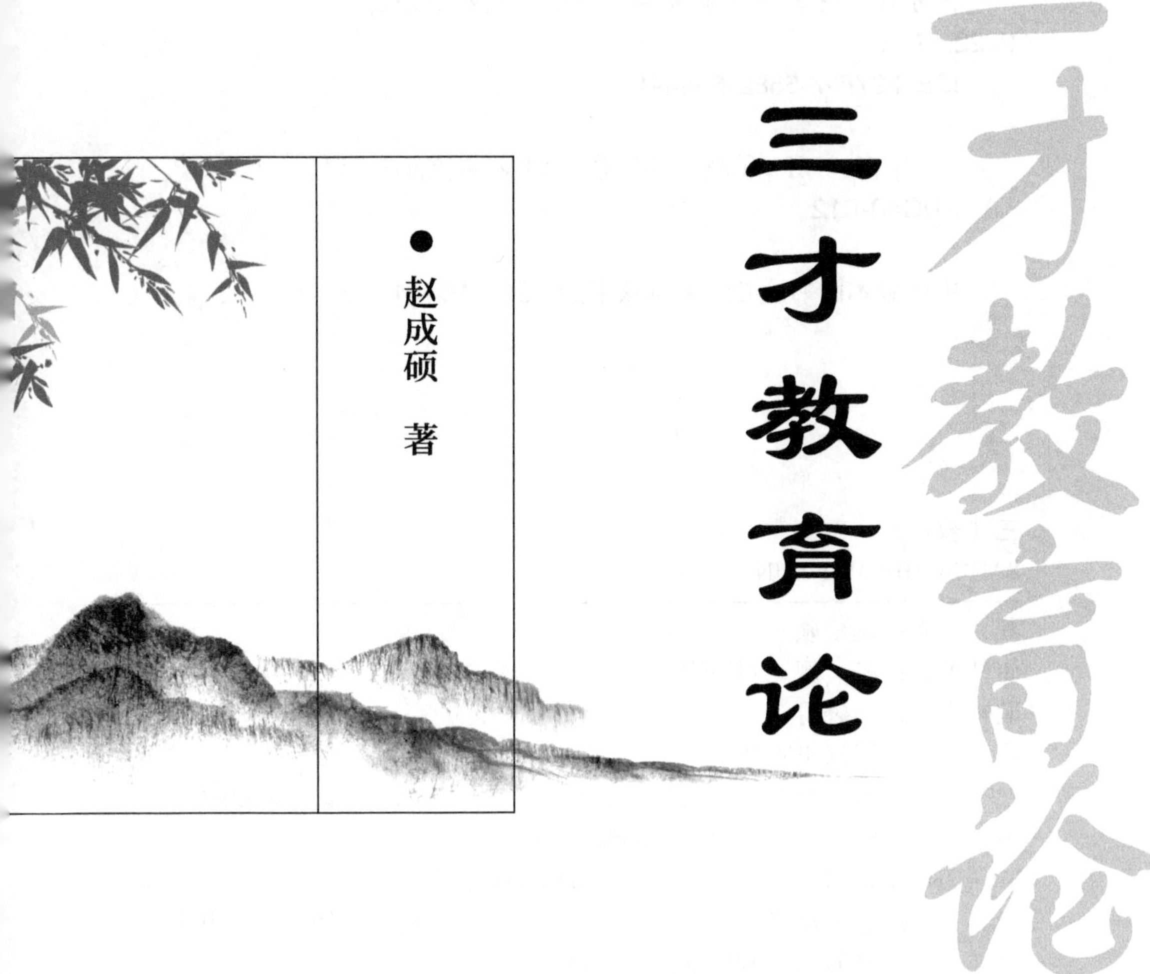

# 三才教育论

赵成硕　著

武汉出版社
WUHAN PUBLISHING HOUSE

图书在版编目（C I P）数据

三才教育论 / 赵成硕著. -- 武汉 : 武汉出版社,
2022.12
ISBN 978-7-5582-5544-1

Ⅰ. ①三… Ⅱ. ①赵… Ⅲ. ①全面发展(教育)—研究
Ⅳ. ①G40-012

中国版本图书馆 CIP 数据核字(2022)第 194441 号

三才教育论
SANCAI JIAOYU LUN

作　　者：赵成硕
责任编辑：杨　靓　刘沁怡
装帧设计：高馨月
出　　版：武汉出版社
社　　址：武汉市江岸区兴业路 136 号　　邮　　编：430015
电　　话：（027）85606403　85600625
http://www.whcbs.com　E-mail:whcbszbs@163.com
印　　刷：北京建宏印刷有限公司　　经　　销：新华书店
开　　本：710mm × 1000mm　1/16
印　　张：11.75　　字　　数：235千字
版　　次：2022 年 12 月第 1 版　2022 年 12 月第 1 次印刷
定　　价：58.00元

百年大计，教育为本。

教育对一个国家和民族、对一个家庭和个人的重要性，怎么形容都不为过。“知识改变命运”是我们耳熟能详的一句俗语。

中国传统文化历来就非常重视教育，视教育为民族生存、国家安定的命脉。早在西周时期，我国就形成了学校的雏形——“官学”。春秋战国时期，孔子开私学之风，在社会上形成了一种学习的风气。儒家文化从国家和社会的需要出发，特别重视教育，《学记》里明确说：“建国君民，教学为先。”

在新时代、新环境、新发展下，人才的培养对国民素质、社会发展、国家强盛等各方面更是有着重要的意义。新时代的发展也对教育提出了新的要求，教育理念、教育方法要与时俱

进，才能够满足当代社会发展和进步的需要。

经过多年对传统文化的研究和对新时代教育的探索，我总结出“三才教育理论”，把教育理念浓缩成以“思想、心智、性格”为中心，称为“三才”。三才教育理论是从传统文化中汲取的灵感，与传统文化的精髓一脉相承，息息相通。同时又结合当代社会的特点和发展需要，从新的维度思考和探索教育的本质，追求教育理念的科学性和有效性。三才教育专注于人的素质教育和培养，既适用于青少年，也适用于成年人。三才教育同时提倡人们自我学习、自我提高，推广一种热爱学习、善于学习的大众学习理念。

如果将人才的培养比作平地起高楼的过程，那么各种具体的知识技能就如砖石、瓦砾、钢筋、水泥等，是这座楼的建筑材料。而“思想”、“心智”和“性格”则相当于是这座高楼的结构设计和安全参数，就如同地基、承重、消防等要素，它们和建筑材料一起被设计、施工以完成这座建筑物。如果建筑材料是一流的、设计是三流的，那么这座高楼哪怕造价很高，依然可能因为设计结构问题而坍塌；而如果设计是一流的，哪怕建筑材料一般，也会把建筑材料的性能发挥到极致，最大限度地使这座高楼坚如磐石。教育好比是建筑的过程，设计和施工同样重要。

教育理念的探索和发展，给教育的实践活动和改革创新提供了土壤，有利于推动人才培养和社会进步。三才教育论是在我们当前的教育体系下对素质教育的进一步探索，可以起到丰富我们现有教育理论的作用。

在当今时代，教育水平已经是一个国家能否强大的重要基石，是国家综合竞争力的重要指标之一，教育事业的与时俱进、创新发展是非常重要和有意义的。希望本书所论述的三才教育理论能够为我们国家教育事业的发展做出一点贡献。

赵成硕

2022 年 11 月于天津

# 目录

# 第一章

# 三才教育论总述

# 第一节 何为三才教育

“三才教育论”的理念来自对现实生活和传统文化的理解与思考。

众所周知，我国传统文化中的“三才”是指“天、地、人”。在生活中，一个人如果想事业成功，离不开“天时、地利、人和”。那么对于青少年的教育呢？在青少年的成长过程中，得到哪些教育和培养，才能够说是成功的教育呢？

对于一个人来说，尤其是青少年，也可以从“天、地、人”三个方面进行教育培养，从而使得青少年能够健康成长，长大后成为优秀的人才。

## 一、教育之“天”

从教育角度，对一个人来说，何为“天”呢？“思想”为天。

何为“思想”？思想，一般也称“观念”，其活动的结果，属于认识。社会存在决定人们的思想。一切根据和符合客观事实的思想是正确的思想，它对客观事物的发展起促进作用；反之，则是错误的思想，它对客观事物的发展起阻碍作用。思想也是关系着一个人的行为方式和情感表达的重要体现。

思想是学生学习成长的根基，是一切行动力之源泉。思决定行，思想明确且正，方能行动有力且善。明确思想是学习的初始步骤，亦贯穿于整个学习进程的始末，犹如老树之根。

思想的内涵和能力包括独立思考的能力，主动学习的能力，认识判断的能力。

思想不等于文化知识，但是又离不开文化知识的学习。思想是涵盖了文化知识的学习和积累。孔子曰："学而不思则罔，思而不学则殆。"思想包括理论知识和思考能力，它是一个人所有行为的发起源头。大脑是人的神经中枢，而思想决定了这个中枢能够发出什么样的行为指令，它是何等的重要啊！我们常说伟人的思想好像天上明亮的星辰，又像是指路的灯塔，照亮人类前行的道路，所以"思想"为天。

## 二、教育之"地"

那么何为"地"呢？"心智"为地。心智是什么？每个人有不同的理解。心智，一指头脑聪明，二指才智、智慧，三指脑力、神志。何谓心智？从字义上讲，"心"一层意思是心脏，是构成人体生理的一个重要器官，其主要功能是为人体的血液畅通加压，类似于"水泵"；另一层意思为"内心"，即"里面的、内在的"含义。"智"则是"智力、智能"之意。

"心智"即是指人们对已知事物的沉淀和储存，通过生物反应而实现动因的一种能力总和。它涵盖了哲学的对已知事

物的积累和储存；结合了生物学的大脑信息处理，即“生物反应”；运用了为实现某种欲需（动因）而从事的心理活动，从而成为为实现动因结果而必须产生的智能力和潜能力。简而言之，心智是人们的心理与智慧的表现，对人的生存与发展有着重要影响。

如果说思想是一树之根，那么心智则可以被比喻为树之茎、树之干。这是孩童在形成自己的独立思维之初便开始悄然萌芽的东西，它在思想的基础上不断成长，日趋成熟，但是永远没有终点，会伴随人的一生而不断发生潜移默化的变化。心智也是指一个人的心胸和态度，将这两者综合起来，心智更像是人内心的一种相对稳定的精神状态。一个人若心智成熟稳定，具备较强的抗压能力，虽不一定百事可成，但一定能在人生路上披荆斩棘，抵达成功的彼岸。

“心智”又可以称为“心思智慧”，可定义为心理的成熟，或者说是心理年龄的智力水平。我们在社会上会见到一些年轻人，年龄上已经是成年人，可是表现得却像个孩子，所思所想、处事为人都不成熟，这就是心智不成熟的表现。心智不成熟的人，是无法在社会上取得很大成就的，而且还可能会出现各种问题，所以心智一个人成熟与否也是极其重要。

一个人的“心智”反映了这个人各项思维能力的总和，包括感受、观察、理解、判断、选择、记忆、想象、假设、推理等，而后由内心指导其行为。

"心智"的核心是心理活动的生物反应，受情感因素的影响很大。"心智"的内涵和能力应包括遇险不惊、遇压不挫、遇宠不迷。

我们常说"心如止水"，"心中若有净土，菩提自性明觉"，故而"心智"为地。

## 三、教育之"人"

我们都知道这样一句话："性格决定命运。"很多事例验证了这句话，也说明一个人的性格好坏是多么重要。很多时候，面对相同的境遇，不同性格的人会有截然不同的应对，也就会有大相迥异的结果。性格虽然没有绝对的好坏之分，但是性格却会影响人的一生，改变起来也最难。性格因人而异，千差万别。有的时候同样的一个人，在面对不同的人的时候，还会表现出不同的性格特质。因此性格是与人的联系分不开的，所以"性格"为人。

性格是指人对现实的态度和相应的行为方式中比较稳定的、具有核心意义的个性心理特征，它是一种与社会相关最密切的人格特征，性格中包含有许多社会道德含义。性格表现了人们对现实和周围世界的态度，并表现在其行为举止中。性格主要体现在对自己、对别人、对事物的态度和所采取的言行上。

性格是指人的性情和品格，指人在自身态度和行为上所

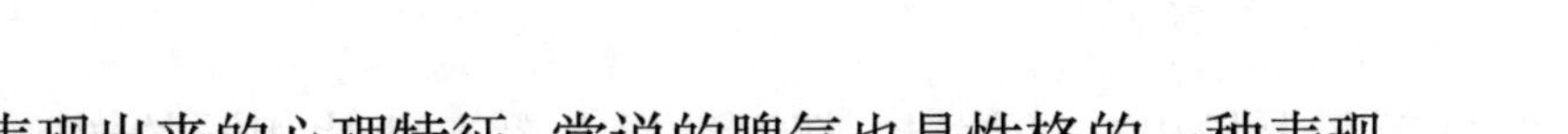



表现出来的心理特征，常说的脾气也是性格的一种表现。

性格也可称为个性或人格，性格可界定为个体思想、情绪、价值观、信念、感知、行为与态度的总称，它确定了我们如何审视自己以及周围的环境。它是不断进化和改变的，是人从降生开始，生活中所经历的一切总和。简单地说，性格就是个体独有的并与其他个体区别开来的整体特性，是具有一定倾向性的、稳定的、本质的人格差异，我们也称之为性格差异。性格是在后天社会环境中逐渐形成的，它是人的核心的人格差异。性格能最直接地反映出一个人的道德风貌。性格是在社会生活中逐渐形成的，同时也受个体的生物学因素的影响。

本性和性格的区别：性格是后天形成的，比如腼腆的性格，暴躁的性格，果断的性格和优柔寡断的性格等。

本性是人天生所具有的、不可改变的思维方式。本性是因先天自然风气与感觉世界所形成的，比如防御心、求知欲、荣誉感等。人的本性包括有求生、感知等。

性格虽然受个体的生物学因素的影响，但不同于本性，性格是可以后天培养形成的。性格的内涵和能力包括勇敢有担当、坚持有恒心、包容有胸怀。

如果说思想为根，那么不同的思想会衍生出不同的心智，心智犹如树之枝干，起到决定日后总体走向的重要作用。人是否能成才和成什么样的才，很大程度上取决于孩童时期的性格。性格便犹如从思想之根及心智之茎中汲取养料，经加工输

送以后所生长出来的树叶。都说世界上没有两片相同的树叶，同样的道理，世界上也绝对没有两个性格完全一样的人，即使两个人的性格极其相似，但是深入接触观察后也会发现二者有着细微且不可忽视的性格差异，所以人的性格具有千变万化、千人千面的特征。

通观整个社会发展，性格亦可以归类为更有利于在这个社会立足的性格与不利于社会立足的性格。要在正确的思想根源上不断学习、自我调整，才能成就利于自身生存乃至成功的性格，所以说性格为"人"。

"思想"为天才，"心智"为地才，"性格"为人才，这就是"三才教育论"的核心，体现了我们传统文化中"天人合一"的理念。在教育培养青少年的时候，从天、地、人三个维度，也就是从思想、心智、性格三个方面去培养、引导、教育青少年，给予正能量的加持，必然能够使得青少年健康成长，为其未来一生的成就奠定基础，插上腾飞的翅膀。

我们常强调素质教育的重要性，如果说"德智体美劳"组成了素质教育的五个方面，那么"思想""心智""性格"就是素质教育的三个立体维度。三才教育论的理念就是把人的素质教育和知识的传授结合在一起。一个人才的培养，离不开教育从三个维度——思想、心智、性格对其进行的塑造。三个维度相辅相成，互相渗透，最终能够使人成为一个在微观上能够独善其身、在宏观上可以为社会添砖加瓦的人。正确的思想、

心智、性格就是“三才教育”中核心的“三才”。

总而言之，在成长的过程中，思想、心智、性格是缺一不可的，三者同步前进、协调发展，方能成就美好的人生。

# 第二节　三才教育之思想

前面我们已经分析过，如果将人比喻为一棵树，那么思想部分就是树木的根，是一个人成才最为关键的地方。俗话说“树烂根上烂”，因为根是一棵树吸收养料的关键部分，如果根部腐坏，也就意味着这棵树无法获取对自身有益的养料，从而逐渐枯死。

人与人之间最本质的区别在于思想的差异，更在于思想境界的区别。有人为敷衍家长而读书，有人为解决温饱而读书，有人为改变个人命运而读书，有人却是为中华之崛起而读书，这正是人的思想境界不同使然。

思想境界并非是一个人与生俱来便有高下深浅之分的，而是在后天的学习中，逐渐与自身产生共鸣，继而逐渐形成并不断升华而成的。

著名的小说家巴尔扎克曾说过：“一个能思想的人，才真是一个力量无边的人。”思想并不是虚幻摸不到的，它真正地存在于我们的脑海之中，并且影响我们的行动，给予我们力量。如果我们能左右自己的思想，就能够控制我们的情感。

但是究竟什么是思想呢？思想又究竟是如何发生的呢？

其实从古至今对于思想的定义都是见仁见智的，目前比较普遍的定义认为理性认识就是思想，我们稍加揣摩便觉得这一定义也有值得深思的地方。

科学知识属于理性认识的范畴，但是知识本身是探索出来的，是恒定的，并不是靠人思索而得出的，知识本身是客观存在的，所以它并不属于思想的范畴。

那么思想究竟是什么呢？事实上文化的根本，则在思想。从闻见得来的是知识。由自己体会研究，能将各种知识融会贯通，成为一个体系，则为思想。

也就是说思想并不等同于知识，也不等同于理性思维或者逻辑思维，它更像是一种站在知识与逻辑之上的，统领人的一切情感的心灵能力。思想对于每个人都有着至关重要的作用，它就是一个人对于自己行为准则的判断，指挥着人本身的行为。

我们常常听说要多读书才能够提高思想境界，这是因为人的思想并不是一成不变的，虽然思想本身并不等同于知识，也不等同于人的阅历，但是它确确实实会随着人知识的丰富与阅历的增加而改变，知识与阅历就仿佛是思想的养料。

思想还有一个属于它自己的分支，那就是眼界。我们常常会说某个人有自己独到的想法，有着高远的眼界，总是能够想到别人想不到的境界，能够看到别人看不到的方面，这个其实追根溯源就是思想境界的区别了。

思想就仿佛是黑暗中的一座灯塔，让人们能够在纷繁复杂的、迷雾般的现象中拥有自己独到的见解，而不至于迷失。一个人想要形成自己的思想需要很长一段时间。有的人也许在中学时期便形成了自己的思想体系，从中学时便开始去思考人为什么会活在这个世界上，人生所追求的价值是什么，并且很快能够得出自己相关的结论。也许这个结论还不够成熟，还比较稚嫩，但是这已经象征着思想体系的初步完成，以后要做的就是不断地去提升自己的思想境界。

但是，有的人可能要到很大年纪才能够形成自己的思想体系，才开始去思考人活着究竟是为什么，自己要追求的最终价值是什么。更有甚者，有的人可能一辈子都活在懵懵懂懂当中，一辈子都未曾拥有过自己的思想，只是机械地做着眼前的事情，只知道饿时吃饭、冷时添衣，这是何等悲哀。

都说江山易改，本性难移。本性也是思想的一部分，所以最难改变的就是一个人的思想。想要改变一个人的思想，就要改变一个人的认知，这并非一朝一夕之事。正因为思想如此难以转变，所以在思想树立之初，便应该高度重视，时刻注意引导孩子形成正确的思想，并且不断地去提升他的思想境界。

在思想的范畴内，有一个重要的特性和能力就是思维，下面重点论述一下思维培养的重要性。

在孩童还未形成自己的思想，只有混沌懵懂的意识时，最先引导孩子冲破这片混沌的是思维。一个人只有建立正确的思维，才能够在自身现有的条件水平及基础之上去衍生之后的各种可能。如果我们细心去观察，不难发现，世界上其实不只学习，任何一种理论的构建都是依靠思维的。小到儿童牙牙学语，大到知识分子去突破人类的知识边界，都离不开思维的创造性。

一个孩童从混沌到渐渐开始思维清明，拥有自己的主见，拥有自己思考问题的能力，这其实就是一个思想构建的过程，在这个过程中，他开始学会用理性的思维去认识世界，用感性的思维去感知世界。而孩子日益成长，思维让孩子能够在头脑当中把世界上的事物联系在一起，明白它们内在的关系。而学习的过程其实就是思维不断成熟不断进步的过程。

一些孩子学习成绩优秀是因为他们具有较强的学习能力，而后天的刻苦填鸭式训练起到的作用并不是决定性的，真正决定一个孩子能否在学习上取得较大成绩的，其实是这个孩子的思维能力。如果思维能力很强，他的思维能够快速地将知识点中的内在逻辑联系在一起，并加以理解和吸收，从而迅速地把所学到的知识应用到题目的解答当中。而那些思维能力弱的孩子，其实就是将两种甚至多种事物联系起来的能力较差，即使上课将这些知识点记在了笔记本上，甚至滚瓜烂熟地背下来，可是一旦做题也难以运用思维将这两个以上的关键点联系到一起，也就不能很好地运用所学知识去解决现有的问题。所以说后天的刻苦努力固然是重要的，但是后天的课

业训练并不是决定性的，真正起到决定性作用的应该是思维上的训练。当孩子走出学堂，真正步入社会开始工作的时候，思维能力不仅没有退居二线，反而会在人生之路上变得越来越重要。

除此以外，思维的重要性还体现在一个人的思维能力往往决定着他的结局。通过一些现实当中的案例，我们可以发现一些孩子他们成长的环境是大致一样的，但是最后所产生的心智性格却大相径庭，以至于他们的人生之路会分道扬镳，最后的结局也全然不同，那么到底是什么导致在相同的环境之下、获取的信息基本一致的情况下，不同的个体会产生如此大的差异呢？

有的人能够举一反三，见微知著；有的人却困在狭小的格局当中，两豆塞耳，不闻雷霆。有的人能够锲而不舍，金石可镂；有的人却锲而舍之，朽木不折。有的人能够活学活用，灵活机敏；而有的人却只会照本宣科、守株待兔。导致个体差异性的除了后天的环境因素外，还有很大一部分因素就是个体产生思维的差异。由于思维从根本上存在着差异，传输给孩子同样的信息时，孩子的脑海中却用不同的思维方式加工成了不同的信息，产生了不同的结果。而获取的信息越多，所产生的差异也就越大，这就是思维的问题。

举一个例子：从前，有兄弟二人，哥哥是卖雨伞的，弟弟是在外摆摊表演的，一到下雨天，卖雨伞的哥哥就会喜笑颜

开，生意就能做出去了，弟弟却没有办法摆摊，卖艺生意就要蒙受损失；一到晴天，卖雨伞的哥哥生意定然不好，但是摆摊卖艺的弟弟却能生意火爆。人们总是安慰两兄弟的母亲让她别再难过，两兄弟的母亲却笑笑说："我从来都没有为两个兄弟难过，因为一到下雨天哥哥的生意就会好，一到晴天弟弟的生意就会好，无论是雨天还是晴天，我的孩子总有一个能赚到钱，我能不高兴吗？"

这就是思维所产生的差异，如果从坏的一面出发，总是看到赔钱的那一个，那么每天的生活都会处在愁苦当中。如果能够用积极乐观的态度去面对生活，就像这个故事中兄弟二人的母亲一样，总是看到好的一面，那么就能最大程度上感到开心，用积极的状态去面对生活。

现实情况是无论用什么样的心态面对生活，生活本身都不会发生什么巨大的改变。但是用不同的心态面对同样的生活，我们的心情却会截然不同，这就是思维差异的力量。这种思维差异上的力量在中国古代的许多文化作品当中都有体现。

在《三十六计》中有很多的计策都是把握了对方的思维差异，依靠思维上的差异与预判最终获得战争的胜利。

比如"欲擒故纵"，提出要先放猎物逃跑。大部分人认为这是一种可以放松的信号，在利用对方会放松警惕的思维惯性之后，趁着对方心理戒备松懈，再将其抓住，出其不意，趁其不备，这就是个体利用了人们思维惯性彰显思维差异而取

得成功的例子。

再以历史上著名的“华容道关羽放曹操”事件来举例。有学者分析，诸葛亮在安排关羽镇守华容道之前，就料到如果派关羽去守华容道，他一定会因为曹操之前对其有恩而放曹操一马，所以诸葛亮让关羽立下军令状，利用关羽知恩图报、过于义气的弱点，让关羽把和曹操以前的恩情做一个了断，从此各不相欠，使得关羽日后能够对蜀国更加忠心。还有一个原因是，刘备当时实力比较弱，一旦杀死了曹操，曹操留下的势力可能会把全部的精力用来对付刘备，这样会使刘备有灭亡的风险，反倒让东吴孙权渔翁得利，所以要放曹操一马。

诸葛亮为什么要放曹操一马不是本文论述的重点，我们关注的是诸葛亮是如何料到曹操一定会走华容道，而关羽在华容道上又为什么一定会放走曹操？原因就是诸葛亮很好地利用了曹操多疑的思维惯性，在大路上故意安排几个兵，小路上则平静无事。于是多疑的曹操便觉得诸葛亮一定是在小路上设了埋伏，故意制造无事的假象，从而选择走大路，中了诸葛亮的圈套。一场战事，诸葛亮完美地抓住了关羽和曹操两个人的思维惯性，并利用两个人思维惯性去因人而异制定兵法，从而达到了自己的目的，这就是思维的力量。但是也让我们看到思维一旦形成了一种惯性，其实也是很可怕的，容易遭到别人的利用，这也提醒我们一定要时刻注重培养自己思维的灵活性。

我国古代的学者其实很早就已经提出了“学以思为贵”的教育理念,《论语》中也曾出过至理名言:“学而不思则罔,思而不学则殆。”

如果一个人只学习而不思考的话,那么学得再多也是枉然,因为他没有利用思维将所学知识真正融会贯通到自己的知识体系当中,自然也就没有办法将这个知识应用到生活实践中去。没有实践,徒有知识也是枉然的了。

“思而不学则殆”也表明了思维需要学习的配合,空有一个好脑子,但是没有充足的知识去支撑你的思维框架,这就好比一副空空的骨架,没有血肉去填充,即使思维能力再强也不会取得很好的成绩。

如今我们的社会开始越来越多地倡导素质教育,而不只是一味地强调考试。那么素质教育里真正注重的素质是什么呢?其实就是学生的综合素质。其中重要的一种素质就是孩子的独立思考能力,是孩子独立学习、吸收知识的能力。

思维能力强的孩子就能够在今天素质教育的大环境下胜出,三才教育论秉承的理念正是要求从事三才教育的课堂以及教师,不能仅仅机械地给孩子灌输知识,而应该把作为孩子根基的“三才”的能力,尤其是思维能力培养起来。有了一个好的思维能力,无论是学习学科知识,还是学习艺术知识,以至于后来在人生的道路上去学习处理人际关系,都可以得心应手。

思维，它就是一棵小树的根，也是一个孩子的精神力量之源。

“问渠那得清如许？为有源头活水来。”只有源头是真善美的，是正的，日后由此汲取到的知识才能真正为自己所用，并且是用在正确途径上的。

“玉不琢，不成器。人不学，不知义。”一个正确的思维并不是孩子先天就具备的，而是后天养成的。培养孩子的正确思维是一个长期的过程，也是一个充满变数的过程。因为每个人的思维都具有复杂性，我们很难去完美预测到当知识传输给孩子以后，他会通过其自身的思维加工创造成什么样子。只有跟孩子进行长期的接触和深入的交谈才能够真正了解孩子的内心世界，并且对其进行人生道路上的引导。

思维是一个孩子智慧的核心。比拼 IQ 智商之风早在几十年前就已经在教育界中蔓延了，大家都把爱因斯坦的超高智商作为一个标杆儿，家长们纷纷愿意花重金给孩子做一个 IQ 测试。测出了很高的数值便欣喜若狂，殊不知智商只是孩子学习当中的一个方面，甚至不是最主要的方面，而智商的中心应该是思维。

如果没有良好的思维能力，即使有再高的智商、再高的理解能力、记忆能力也是徒劳的。因为如果思维没有办法将你超高的智商所汲取到的知识很好地进行有机联系，具有再多的知识储备也只能是一个知识的储存器，而无法发挥知识应

有的能效。知识就像是一个厨师面对的各种食材，高明的厨师能用普通的食材烹饪出美味佳肴；而低级的厨师，即使给他最上等的食材，他也只能做出普通的大众口味，甚至可能会暴殄天物。

同时，思维不仅仅起到一个有机加工知识的作用，它也是创造力的源泉。人类社会之所以能够不断地进步，是因为人类能够不断地进行创造。创造就是创新，只有创造出新的东西，人类社会才能有进步。我们常说学习要“温故而知新”，这里“温故”的目的其实也是为了知新，我们知新是为了实践，拥有了思维能力才能够在学习知识的基础上，在自己的脑海当中消化、创作出全新的东西，进而推动人类社会进步发展，而这才是学习的真正目的——为社会进步做出贡献。

教育的目的是挖掘人的智力潜能，使其成为一个对于社会有用的人，这也是人与动物的最大区别之一。思维的培养就是开发智力的重要一环，也是教育的主要目标之一。

古人都说“授人以鱼，不如授人以渔”，因为鱼是有限的，如果学会了“渔”，那么你的鱼就会是无限的。这个鱼其实指的就是知识，“渔”指的是学习知识的方法，也就是我们的思维。

只要你有了良好的思维能力，无论是一言一行还是一举一动，你都能够从中总结出相应的道理，并且为己所用。没有一个很好的思维能力，即使能将字典倒背如流，那么所获取到

的信息再多也只能纸上谈兵罢了。

既然思维如此重要，一个人一旦思维产生了偏差，那么又会有多大的危害呢？

一旦形成了恶性的思维，小到给这个人的一生带来负面的影响和导向，大到有可能带给其他人和社会负面的影响甚至伤害，所以绝对不可忽视。

作为一个普通的个体，负面思维会让这个人从外界汲取到的所有信息，都通过错误的思维加工成了扭曲的信息。别人的一句无心之谈，在他的思维加工下，都会变成别人对他的迫害、对他的嘲讽。而别人正常的社交活动在他眼里可能也成了一种排挤甚至是一种炫耀，于是他的心灵每天都会被困在“囚牢”当中。

在这种不良的心理状态下，人的精神状态长期处于压抑之中，时间久了也会在生理上产生一定的反应，可能会出现身体上莫名的疼痛，即使再好的物质条件，精神被困在牢笼中也无法淡然地去面对这个世界，心灵如果被恶意填满，将没有空间再去让自己的心里装下美好的东西，这样的一生无疑是痛苦的。

这还仅是普通的一个人，他的辐射能力有限，以自己为中心辐射到自己的家人、亲戚和朋友，但是如果这个人是一个身居要位的领导人物呢？作为一个领导者，如果具有了不好的思维能力，他的辐射范围就会波及更广泛的社会层面，甚至影

响整个国家乃至全世界。历史上有很多伟人因改变了历史的进程、加速了人类的进步而名垂青史，也有一些历史人物由于一己之私，祸国殃民，从而遗臭万年。思想不同、思维不同是造成二者天差地别的重要原因之一。

综上所述，想要培养出一个优秀的孩子，一定要在孩子成长期间重点培养孩子的思想方面。只有具备了良好的思想和正确的思维，孩子才能够在人生路上越走越远，做一个对自己、对家庭乃至对全社会有贡献的人。

# 第三节　三才教育之心智

心智这个概念似乎有点抽象，像是看不见摸不着、虚幻难以捉摸的一个概念。关于心智这个词，我们听到最多的话就是这个人心智成熟或者不成熟。那么什么样的心智叫做成熟的呢？

所谓成熟其实就是最适合于这个人的个体，最符合这个时代的发展，能够使人更好地立足于社会的心智就是成熟的心智。总的来说，心智是指人们对已知事物的沉淀和储存，通过生物反应而实现动因的一种能力总和。它更像是一个人通过以往的生活经验与生活经历，在日积月累中潜移默化形成的一种处理信息的方式与体系，是一种个体的哲学体系。

一个人的心智是其各项思维能力的总和，是这个人在接触事件的时候通过感受、观察、理解、判断、选择、记忆、想象、假设、推理之后所做出的决定，以及受这个决定的指导所做出的行为。

心智主要包括三个方面，那就是获得知识、应用知识以及抽象推理的能力。每个人心智力量的强弱是有区别的，心智和智力不直接挂钩，但是心智往往和一个人的幸福体验感是

直接挂钩的。心智成熟且强大的人，他们往往具有更多把控自己幸福的能力，他们能够用更加成熟的方式去处理问题、思考问题，并且得出更有利于自己身心的结论。这种心智上面的成熟不仅仅体现在外部为人处事、人际交往之间，更体现为对自己内部身心的一种自我疏导。

心智与智力不同，智力是与生俱来的，它的先天成分占了绝大多数，但是心智主要靠后天培养。智力只有简单的高下之分，但是心智并不是只有强弱之分。每个人的心智都是独一无二的，因为每个人的生活经历都是独一无二的，但是无论是怎样的经历想要培养出强大的心智，都必定要经过苦难的磨炼和洗礼。

社会心理学评估出了三种心智不成熟的人的主要表现。

第一种是不好意思拒绝别人的人。这种人他们很爱面子，很在意自己的形象，更加在意别人对自己的评价。所以当别人向自己请求帮助的时候，无论这个帮助是不是会给自己带来较大的困难和麻烦，都不好意思去拒绝别人，生怕拒绝之后别人就会对自己冷眼相待。这种人内心会不断地去揣测别人是否已经对自己产生了不满，甚至在这种心理矛盾当中越陷越深，颇有一种“智子疑邻”的感觉，对方的一个无意举动和眼神都会让他猜测对方肯定是已经讨厌自己了。这种人就是我们常说的“老好人”。

人们往往会注意克制自己的冲动易怒，却往往忽略有时

候过分的热心也是需要被克制的。这种理性的热情和适度的拒绝别人，与乐于助人的美好品质是并不矛盾和冲突的。对于自身能力和人际交往关系法则的正确评估，其实就是这个人心智是否成熟的一个重要体现。

第二种是拥有更强的表达欲而难以静心去倾听别人的问题的人。你是不是会常常半途打断对方的讲话，并自以为是地进行反驳呢？如果是，那就说明你的心智是不成熟的。有一位著名的作家曾经说过“人类的悲欢其实并不相通”，每一个人都是一个孤独的个体，即便是高山流水遇知音，那种无话不谈的知己之间，他们的相似程度也不可能达到 100%，所以每个人对另外一个人的遭遇都不可能达到感同身受。大部分的人都是倾诉欲大于表达欲的，往往都想当倾诉那一方，而很少有人能够充当起非常优秀的“树洞”角色——倾听者。

可是在一场谈话当中，讲述者和倾听者的角色都是不可或缺的，这该怎么办呢？这就需要有一部分人克制住自己想要表达的欲望，暂时充当起倾听者的角色。能否很好地控制住自己的表达欲充当起倾听者的角色，也是评价一个人的心智是否成熟的重要标准。

第三种也就最广泛的一种评价法则，就是看一个人能否很好地管理自己的情绪，心智不成熟的人是无法管理好自己的情绪的。同样是身边的朋友犯了一个错误，有的人第一反应是责备朋友，而有的人第一反应却是事件已经发生了，那我们就想办法解决，责备是徒劳无功的。遇事后静下心来想一想，能够想出最优解决办法的肯定是后者，这个道理人人都明白，但是当你处于着急状态的时候，真正能够做到抑制住自己想要脱口而出的责备语言而转向第二种解决方式的人并不多，这就考验一个人的心智是否成熟。

心智成熟的人，他们明白批评他人对于事情的解决是没有任何帮助的，还会损害自己和他人之间的关系。锻炼一个强大的心智，就是自己能够在情绪比较激动的时候，也能够很好地管理情绪，对自己的情绪进行强而有效的疏导。

以上三种是心智不成熟的表现，一个人如何做到心智成熟，主要体现为以下几个方面。

第一，心智成熟的人是可以做到特别独立，这个独立指的并不是物质上的独立，而是心智上的独立，是个人精神和情绪上面的独立。一个人能够很好地控制自己的情绪，不将自己的情绪依赖于他人之上，就是心智成熟的表现。就拿恋爱这件事情来说，许多人在两性关系中过分地夸大了他人的价值，结果是将自己的喜怒哀乐全部寄托在另外一半对自己的态度上，这样的恋爱关系脆弱又岌岌可危。表面上看起来好像两个人十分相爱，非常在意对方的感受，实际上完全是在给对方施加压力。真正心智成熟的人，他们能够很好地管控自己的个人情绪，虽然自己的情绪肯定也会受到外人对自己的评价以及态度的影响，但是这个波动区间相对来说是很小的，自己的主导

情绪还是以自身为主，而不是以他人为主。

第二，心智成熟的人是更加懂得倾听的人，学会倾听是一门技术，也是一门艺术。沟通是双向的。我们并不能只单纯地向别人灌输自己的思想，我们还应该学会积极地倾听。倾听是一种艺术，也是一种技巧。倾听需要专心，每个人都可以透过耐心和练习来发展这项能力。倾听是了解别人的重要途径，为了获得良好的效果，我们有必要了解一下倾听的艺术，要懂得倾听别人，需要做到以下几点：

首先，要表示出诚意，倾听别人谈话总是会消耗时间和精力的，如果你真的有事情不能倾听，那么你要礼貌地直接提出来，避免伤害对方的感情。这要比你勉强去听而心不在焉，给人的感觉好得多。如果倾听就要真心真意地听，安排好自己的时间，去倾听他人谈话是对彼此的尊重。

其次，需要有耐心，这体现在两个方面。一是别人的倾诉通常情况下都是与心情有关的事情，因而可能会比较零散或混乱，观点不是那么突出或逻辑性不太强，要鼓励对方把话说完，自然就能听懂全部的意思了。否则，容易自以为是地去理解，去提出意见，产生更加不好的效果。二是别人对事物的观点和看法有可能是你无法接受的，你可以不同意，但应该试着去理解别人的心情和情绪，一定要耐心让对方把话讲完，才能达到倾听的目的。

再次，要避免不良习惯。随意打断别人的谈话，或借机谈

话主题引到自己的事情上，一心二用，任意地加入自己的观点做出评论和表态等，都是很不尊重对方的表现，比不听别人谈话产生的效果更加恶劣。

另外，要给对方适时进行鼓励和表示理解。谈话者往往希望自己的经历受到理解和支持，因此在谈话中加入一些简短的语言，如“对的”“是这样”“你说得对”等，或点头微笑表示理解，都能鼓励倾诉者继续说下去并引起共鸣。用眼睛与谈话人的眼睛作交流，或者用手势这样的身体辅助语言来表达对谈话者的理解，都是很好的方法。

最后，我们需要适时地做出反馈。长时间倾听却没有一点反馈，对方会觉得你在敷衍应付，根本没有听进去，感觉会非常不好。我们在倾听一个阶段后，适时地反馈会激励谈话人继续进行。如果听不明白对方的表述，我们也可以反馈给对方，这样才会使倾听和沟通进行得顺畅，才能达到好的效果。

第三，心智成熟的人做事情追求尽善尽美。追求尽善尽美和必须要达到尽善尽美是两个概念。力求达到尽善尽美便是走向了极端，而追求尽善尽美是将完美作为自己的一个最终目标，自己努力去做一个不断趋近完美的工作，并不是非要达到，这里有一个非常微妙的度，只有把握了这个微妙的度才能很好地提升自己的工作能力，并且让自己在追求的这个过程当中也能获得相应的快乐与价值。如果具有了成熟的心智，掌握了这种调控自己情绪的能力，那么即便是枯燥乏味的工

作自己也能够以积极的状态去面对。

第四，心智强大的表现是不会过分害怕失败。心智不成熟的表现之一，就是因为害怕得到自己不想要的结果，而从一开始就放弃。心智成熟的人则能够坦然地接受自己付出了努力，但是得不到回报这种结果。

第五，心智能力强的表现还体现在喜欢不断地学习。许多人在结束了学生时代步入社会之后便很少再进行二次学习了，觉得自己的工作生活已经稳定下来，只要不断机械地去重复原来的工作模式就可以。这种人往往是将学习当作自己日后生存赚钱的一种工具，但殊不知学习的功能远远不止获得一纸文凭、找到一份可以养家糊口的工作，更在于它能够不断地提升你的思想境界，进而促进你的心智发展。在日益学习中，你的心智才能被磨炼得更加强大，拥有更强的学习能力以及追求知识的精神也是心智强大的一种表现。

心智对人生的影响如此之大，那么心智教育的重要性也就可见一斑。对心智进行教育和提升，不是在个体上锦上添花的事情，而是完善个体本身的大事。对于心智的教育绝不如同音乐、舞蹈、美术那样，只是多一项傍身的技能、多一项可以装饰自己的身外之物。心智教育就是培养我们成为一个身心人格都健全的人的必要之路。

如果把思想比作一棵树的根，那么心智就是这棵树的枝干和茎。思想决定了我们要去汲取怎样的知识，怎样更好地汲取知识。枝干部分是将这部分知识吸收来，然后进行运输和加工。至于这部分信息应该如何处理，用怎样的角度去看待问题、去看待人生，以及能不能够承接从思想的根茎汲取来的这些知识，这些都是心智要做的工作。

网络上有个小故事，说一个年轻人在一家公司里面勤勤恳恳地上班工作，作付出了许多的心血，可是却一直得不到提升，终于他的心里承受不住，跑到管理者的办公室破口大骂，这时所有的管理者都愣住了，因为他们此时开会的内容正是在讨论要给这个小伙子升职。

这个故事像一则小寓言，告诉人们其实很多你期望的事情，都正在悄然地发生质的变化。强大的心智可以提升我们的耐心，让我们静下心来，认真去思考自己当下的所作所为，做一个更好的自己。

# 第四节　三才教育之性格

性格是三才教育当中的最后一“才”，它是在思想的根和心智的茎基础上繁衍出的茂密之叶。性格是人类心理特征的一种表现，性格可以划分的种类甚至比思想和心智还要多许多。

性格就像一棵树的树叶部分，是最为外显的部分，是一个人在与他人交往的当中最先暴露给对方的部分，从这个人的神态、表情甚至第一句打招呼的语气，就能够让对方大概感受到他是一种怎样性格的人。如果还有共事、交往和接触，便能够在不长的时间内大致了解这个人的性格特征及类型。这个人的心智和思想往往不会在这么短的时间内以如此直观地体现出来。

三才教育将人的性格划分为许多类型，判断孩子的性格类型对于以何种方式引导孩子、对孩子进行辅导时可能遇到的问题以及如何解决，都具有积极的指导作用。

性格一词在日常生活中经常被人提及，那么性格究竟是什么呢？

性格是指每个人在对人对事的态度和行为方式上所表现

出来的心理特点，如开朗、刚强、懦弱、粗暴等。心理学上对性格的定义是：性格是一个人对现实的稳定的态度，以及与这种态度相应的、习惯化了的行为方式中，表现出来的人格特征。

打一个形象的比方，性格就好比是一个地方的气候。热带雨林气候有热带雨林气候的主要特征，高原雪山气候有高原雪山气候的主要特征。这就好比各种不同性格的人一样。性格虽然犹如一个地区的气候，具有相对的稳定性，但是这种稳定性并不是一成不变的，而是具有极强的可塑性。

性格的可塑性又是与一个人的思想与心智挂钩的。能够体现出人物性格的，是这个人对于生活的态度。一个人对待生活以及生活中人和事的态度主要是由后天因素决定的，与个体后天独特的经历相关，由认知、情感和行为三个因素组成。

认知部分主要由思想决定，情感部分主要由心智决定，而思想和心智基础上衍生出来的性格则是直接指导人去做出行为。

一个人对待生活的态度，就能体现出他对于生活的认识是怎样的，他在生活当中所追求的目标是什么。一个人对于生活以及社会现实的态度决定了他最终的行为方式，而这个人所固化下来的行为方式，又在不断地反作用于他对于现实生活所抱有的态度。

值得一提的是，一个人的性格与个人所具有的气质是有区别的。性格更多地受到现实社会的影响，能够反映一个人整

体的精神风貌。气质受到人外貌以及衣着风格的影响，主要反映的是人的生物属性，个体之间的核心差异主要在于性格上的差异。

性格在结构上可以分为静态结构和动态结构。在性格的静态结构中，可以把性格分解为态度特征、意志特征、情绪特征和理智特征四个部分。

性格的态度特征主要指的是一个人对于现实生活、工作、他人等一系列的人和事所持有的态度是积极的还是消极的，是正面的还是负面的。

性格的意志特征是指一个人对于自己所作出的行为自觉地进行调节的特征。比如有的人能够从一而终，更加具有毅力，更加具有坚持不懈的精神；有的人则更容易放弃，容易半途而废，这就是性格当中的意志特征。

性格中的情绪特征指的是一个人的情绪对他所要进行的活动产生的影响，以及当这种情绪产生的时候自己对情绪的掌控程度。

性格的理智特征则是指一个人在认知活动当中的性格特征。是否具有独立的思考与观察能力，是否具有较强的协作能力和主见，看问题是否全面，是否能够考虑到现实当中的许多因素，等等，这些都是性格当中的理智特征。

性格的静态特征当中的四个方面并不是彼此独立、毫不相干的，这四个方面其实是相互渗透、相互依存、有机地联系

在一起的，共同组合成了整个性格的静态结构。

性格的动态结构主要就是指一个人的性格是在不断地变化的，甚至可以说性格每分每秒都在不断地变化，也许这个变化非常细微，但是它们在日积月累，伺机等待着一场由量变到质变的发生。

人每分每秒都在经历新鲜的人和事，新鲜的人和事又会对人造成新的刺激，从而使思维汲取到新的知识和信息，这些全新的东西都在被不断地吸收进性格当中，从而影响着人的性格。

我们经常能够遇到或者听说某个人在经历了一场重大变故之后，他的性情大变。之前沉默寡言的可能突然间变得暴躁易怒，之前热情开朗的可能突然间变得沉默寡言，等等。这种情况就是因为人在接触到了新的刺激之后，其性格发生了动态的变化。不是每一个人都会在遇到极端事件后，性格在短时间内发生迅速的变化，但是每一个人都在进行长期而缓慢的性格动态变化，这一点是毋庸置疑的。

性格形成的因素是非常复杂的，主要由后天因素主导，但是也受一部分先天因素的影响，也就是遗传因素。“三岁看小，七岁看老”，这是民间的一句俗语，意思是从儿童很小的时候，就能够看出他一生的心理和性格特征。这虽然有夸张和不准确的成分，但是也能从侧面体现出，遗传和父母自身性格对孩子性格养成的影响，也就是先天因素和儿童早期受父母性格影响的作用，因为0~7岁阶段儿童接触最多的就是父母。

“三岁看小”是指从儿童三周岁时的心理特点、个性倾向就能看到长大后的心理与个性形象的雏形。教育心理学将出生到 3 岁称为“婴儿期”，这是儿童生理发展、心理发育最迅速的时期。在这个阶段，父母的期望、行为和一些生活标准会被婴儿内化为自己的期望和规则系统。

3 岁到 7 岁被称为“幼儿期”，又叫“学前期”。所谓“七岁看老”是指在 7 岁时幼儿的个性倾向开始形成。当然，“三岁”与“七岁”并非实指，而是虚指，只是说儿童此时的性格会对他的将来产生很大影响。

“三岁看大，七岁看老”的俗语体现了这样一个客观事实，就是很多孩子在幼儿时期还没有进行社会化活动的时候，就已经显示出了自己独特的性格特征，这反映出性格其实是有一部分先天因素存在的。

在性格的形成过程当中，后天的因素还是占据了主导的成分，与个体后天的经历息息相关，也与个体在成长的过程当中，与其具有亲密关系的人所具有的性格有着密不可分的联系。

比如父母的性格对孩子的成长过程的影响有着重要的作用，孩子往往会拥有跟父母相同的性格。但是如果父母的性格当中有孩子所不认同的因素，孩子在成年之后往往也可能形成与父母性格完全相反的性格。

著名心理学家弗洛伊德曾经提出了人格结构动力理论，他认为人格的核心是人内在的心理事件，这些心理事件发动了行为或构成了行为的意图。人格主要包括本我、自我和超我三个方面，其中本我是最原始的性格，它更加接近于动物，只想着能够满足自己的欲望与需求。自我则是我们性格的最主要体现，它遵循一种现实原则，指导以现实为基础进行思考和整合。超我则遵循一种理想原则，我们的信仰、一切美好的思想往往都来自超我人格。

在历史的长河中，因为性格优势而拥有意想不到结局的例子俯拾皆是。春秋战国时期，越王勾践败给吴国后，被押送至吴国做奴隶。越王勾践并没有选择碰壁而死，也没有选择畏畏缩缩在敌国苟且偷生。他独特的性格使得他能够忍常人所不能忍："越王勾践返国，乃苦身焦思，置胆于坐，坐卧即仰胆，饮食亦尝胆也。"谱写了忍辱负重、卧薪尝胆的历史名篇。

历史上很多名人都是"成也萧何，败也萧何"；成也性格，败也性格。这就是为什么在同样的生长环境与背景之下，面对着同等的机遇，有的人能够脱颖而出，有的人只能沦为历史尘埃。这和他们自身所具有的性格是分不开的，他们具有不同的眼光见识，用不同的方式去应对生活，最后得到的结局自然也就大不相同。

正是由于性格的类型多种多样，且性格又是一把双刃剑，在人生的道路上扮演着极为重要的角色，所以才要更加重视引导孩子，使其形成更适应于自身及整个社会环境的性格，这样才能在人生路上走得更稳、走得更远。

## 第五节　以自律诠释三才教育

自律是三才教育当中不可或缺的重要品质，所以我们以自律为例单独进行讲解和阐述。

自律可理解为遵循法律并以此为基础进行的自我约束。

很多成功的人都有一个共同的特点——高度自律，这是他们区别于普通人的一个特征。因为自律很难做到，它需要在思想、心智、性格三方面都达到很高的层次。毫无疑问的是，我们大家都把自律视为一个人的优良品质，众多的家长也希望自己的孩子具备自律这样的品质。

下面我们从三才教育论的角度分析一下自律这个优良品质。

比如说一个人想要健身，于是制定了一套健身计划：每周去三次健身房，在饮食上采用健身餐，放弃平常爱吃的快餐等不健康食品。我们都知道，能坚持做到按健身计划执行并不容易，需要高度的自律。而一个人要想做到自律，需要有这样一个过程。

首先，要在脑海中对自我约束的事情的重要性有一个分析和评估，也就是在“思想”这个维度先要有一个判断和决定。以健身为例，这个人要对健身这件事的重要性有一个认识，要回答自己为什么要健身这个问题，健身这件事对自己的好处、意义、收获等，都在脑海里思考到。另外对结果的渴求程度是必须完成？尝试着完成？还是体验一下？这个也因人而异。因为在思想的维度，每个人对健身这件事的重要性给出的等级是不同的，所以去完成健身这件事的结果就会不同。这就是在思想的维度，对健身这件事起到的作用、要不要去健身、多大程度上去完成健身这件事的意愿有不同的定义。思想的层面决定了一件事物的有和无，即事情的缘起、发起，都是由思想层面来决定的。

然后，一旦“思想”层面决定了去做一件事，能否做成就和“心智”及“性格”有很大关系了。还拿健身这件事来分析。在健身计划的实施过程中，这个人要面对很多次的心理考验。比如：该健身的时间有其他的约会怎么办？天气不好还去不去？健身餐吃腻了，想放开胃口吃美食怎么办？等等。此时这个人的心智能力就起了很大的作用。心智能力强的人会有很强的心理调节能力，能抵抗住各种诱惑，不会纠结也不会动摇，把心态和精力很快转化到自己设定好的健身计划里，从而确保计划的按时进行。

接下来我们要说说“性格”在健身这件事上的作用。我们有过健身经历的人都有体会，健身不是短期就会有很明显的效果，而是需要长期坚持才会有明显的效果。就是有小成，也

需要数月甚至一年的时间，还取决于健身的频率和强度以及个人的体质。那么能否在坚持了一段时间、看不出明显成果的情况下，继续坚持健身计划，就取决于性格这个因素了。如果性格能力强，具有坚韧、不放弃的性格能力，就会在短期看不到成果的情况下，持续投入时间和精力，把自己认为应该坚持的事情做到底。如果性格能力弱，在遇到一段时间的付出却看不到成效的时候，就坚持不下去了，那么这个健身的计划就会无法完成。很不幸，我们中的很多人都是后者。

所以，一个简单的健身的事情，就体现了三才教育论，即思想、心智、性格各方面能力起到的重要作用，缺一不可。哪个方面能力不足，都会造成这个健身计划的失败。而其他因素，比如健身场馆的环境，健身器械的先进性，健身教练的经验，健身计划的科学性，个人的体质基础等，这些看似跟健身这件事最直接相关的因素和条件，其实对健身计划的成败只起到很小的作用。

无论是三才的哪个方面能力不足，导致这个人要放弃健身计划，那么不管健身场馆的环境多么吸引人，健身器械多么完善，健身教练多么优秀，健身计划多么科学有效，个人体质多么健康，都是无济于事的，健身计划注定会失败。可惜的是，我们常常关注的重点是这些外在的因素，忽略了思想、心智、性格对人的重要的影响力。

现在的学校里，教学的重点是如何让学生掌握课本的知

识。各种教学方法研究的重点也是如何让学生们更好地吸收这些知识。其实，这只是做到了思想维度中的知识储备这一个方面的培养。知识固然重要，但是如果没有在三才维度自身能力的提高，知识储备得再多，也难以获得很大的成就。

如果一个人在三才方面，即思想、心智、性格方面有很高的能力，哪怕他在某一个时期的知识储备不够多，或者说知识掌握的水平不够高，他也能够自我调整，不断弥补短板，然后在以后的日子抓住下一个机会，脱颖而出。

# 第二章

# 三才教育论源自传统文化

中华民族有五千年的历史，中华文明也形成了独具特色和魅力的民族传统文化。中华文明同时具有很强的包容性，在与世界的交流和交往中，也吸收和融合了很多优秀的外来文化，所以中国传统文化是一块璀璨的文化瑰宝，值得我们现代人好好地继承和发扬。

三才教育论作为研究教育的本质和规律的理论，它的核心理念与中国传统文化一脉相承，可以说是发源和根植于我国优秀传统文化的土壤上的。三才教育的理念与传统文化中的思想精髓有着很多奇妙的相通之处，这也说明了大道从简，符合客观规律的道理大致都是相通的。

# 第一节 中医学与三才教育

中医文化博大精深，源远流长，其中的一些治病问诊的理念，对教育学也非常有启发。三才教育论与中医学有着奇妙的相通之处，也可以说是借鉴吸收了中医学的精髓，应用到教育学而来。

## 一、三才教育中的中医学理念

中医学有一个重要的基本特点，那就是整体观念。

整体观念，就是认为人体是一个有机的整体，各脏腑组织之间是互相联系、互相影响、互相促进的；人体与自然界是密切相关的，是对立统一的整体。

整体观念是中医学的一个重点，可以说中医对于疾病的所有认识都是围绕着整体观念这一理论原则展开的。

打一个形象的比喻，如果把人的身体看做一个运行的宇宙，宇宙当中有着无数的行星，它们之间彼此分离，各自运行在自己的轨道上，各司其职，这就是一种完美的平衡状态，宇宙就会运行良好。如果其中一颗行星偏离了自己的轨道，那么就会出现问题，有可能和其他的行星相撞，造成灾难，也就破

坏了宇宙的平衡。所以，当一颗行星出现偏离轨道的时候，如果偏差不大，最好的办法就是让行星自我调节，回到它应有的轨道上去。如果偏差很大，已经阻碍了其他行星的运行，甚至发生了碰撞，产生了破坏，就只能通过外力来弥补，把破损的行星修复，并使其回归到它自己应有的轨道，从而恢复宇宙的平衡状态。

与中医学相通的是，整体观念同样也是三才教育论的重要核心理念。三才教育论把“思想、心智、性格”三个方面视为一个有机的整体，主张各方面要均衡发展，缺一不可。一个人能称之为“人才”，一定需要他在这三个方面整体都很突出，同时每个方面都没有大的欠缺，达到一个平衡的状态，这才是我们社会需要的真正的人才。

现在每个家长都很重视孩子的教育，但是目前存在的问题是给孩子的教育基本上都是重视学科类的知识教育或者是技能类的才艺教育。如果从三才教育论来看，这仅仅是给予孩子思想层面的知识培养，而对思想方面其他的品质培养教育就很少。更不用说心智和性格了，这两个方面基本上是在家庭里面完成的，是自然随意发展的状态。

那么从中医学的整体观念来看我们的教育，就明显呈现出整体不平衡的情况。也就是知识的灌输非常多，而其他方面的培养很缺乏。

当人的身体器官的状态整体失衡的时候，就会有疾病的

出现，出现像是发烧、感冒，咳嗽、呕吐、浑身乏力等等症状。我们会感觉非常难受，所以不得不赶紧治疗。

但是人的思想、心智、性格的失衡，不像身体的五脏六腑各器官的整体失衡，会在身体状态上明显地反映出来。对青少年来说这三个方面的失衡，也反映我们在教育上的失衡，它所表现出来的现象却没有那么明显，或者说不像身体疾病那样地强烈，而是缓慢和细微的，常常容易被人所忽视。

目前我国在青少年素质教育上已经做了很多工作，取得了很多成果。但是青少年的教育失衡问题依然很严重，普遍的现象还是重视知识的传授，对素质能力提供系统、科学、有效的训练和培养还远远不够。而素质和综合能力的培养在青少年时期是至关重要的。

教育上的失衡，有一种我们比较常见，就是学科上的失衡，也就是常说的偏科。比如有的偏科厉害的“神童”，语文能够在 150 分满分的情况下考到 148 分，仅仅是作文扣了 2 分，但是数学英语却差到只得个位数。有些孩子则是数学能够考到满分，语文却整篇作文空着一个字也写不出来。

这样的孩子可以说在某些方面有特长或者有天赋。这样孩子的家长往往比较着急，希望弥补孩子的短板，针对孩子欠缺的学科上进行大量培训。其实这样的失衡并不是最可怕的，后果也没有那么严重。因为每个孩子的兴趣和特长不一样，就像我们的手指不是一样长，也不能要求每个孩子在每个学科

上都有兴趣，或者都擅长。由于天赋秉性和兴趣爱好偏向不同，孩子稍微有一些偏科是正常的。而且我们都不希望埋没孩子的天赋，所以这种情况其实从好的一面看，是发现了孩子的天赋所在，或者说兴趣所在，只要在他感兴趣的科目上继续培养，在他欠缺的科目培养出兴趣，让他能达到平均水平，就可以解决这个问题，使孩子的学业能够均衡发展。

学科上面的失衡只是失衡问题中的一种，另一种失衡更应该引起我们的重视，那就是在三才，即“思想、心智、性格”上的失衡，这种失衡其实更严重。

青少年时期的主要任务是学习和成长，家长往往将学习浅显而狭窄地定义为学习知识，这其实是不全面的。学习除了学习文化知识，更重要的还是要学习思想理念，学习如何做人，学习独立思考，学习待人处事，学习面对困难，等等，如果只注重学习成绩或者学习知识，而忽略了其他方面的教育学习，这样造成的失衡将会带来很大的隐患。

新闻报道中常有学习优异的学生犯罪的案例，有些是性格怪僻，做出疯狂举动，有些是被人孤立或霸凌后极端报复，还有的是难以融入社会心理失衡行为乖张，这都是“三才”严重失衡的结果。不少青少年因学习成绩优异，掩盖了其他方面的问题。他们在思想方面学习知识的能力无疑是超强的，然而在“心智”和“性格”上，却有着严重的问题。可怕的是，这两个方面的问题，又是非常不容易显现出来的。尤其是对学业上

的优等生，无论是老师、家长还是同学，平时给予他们的多是赞美和表扬，一些细微的缺陷往往更容易被忽略。

教育就好比是给人调养身体，人有一些小疾病的时候，要及时医治，使得身体恢复健康平衡。哪怕没有疾病症状，也要按时体检，防微杜渐。千万不能因为表象的健康而忽视定期检查，因为表面的健康很可能是“亚健康”。

哪怕成绩优异的优等生，也要关注三才方面的均衡发展。学习成绩的优异并不能反映出一个人的全部品质和素质，须知“千里之堤，毁于蚁穴”，切莫大意疏忽。教育上要有整体观念，在“思想、心智、性格”上都成才，方可成为真正的人才。

## 二、思想是能量的源泉

你有没有思考过生命到底是如何产生的，又是如何成长起来的？

一个婴儿刚刚出生时，没有吃过饭，没有喝过水，但是心脏便会有力地搏动，会自发地一呼一吸，一旦摄入营养还会自己生长发育，进行新陈代谢。那么如此复杂又精密的生命活动，它们的动力和能量到底是从哪里汲取的呢？

中医学认为，人体的生命来源于父母生殖之精的结合，称为“元阴、元阳”。元阴、元阳既包括秉承于父母的生命物质，又包括后天获得的水谷之精。元阴、元阳为人体之肇基，来源于先天，秉之于父母。人体各器官、各物质及各功能，从无到

有，从小到大，均与其有着密不可分的关系。

因此在中医学当中，元阴、元阳被称为生命原物质，为生命提供了原动力。用中医学的理论来解释，如果元阴、元阳相互协调且动力充足的话，人体就是健康积极充满活力的；如果元阴、元阳出现了一方过强一方过弱，二者不协调或者不足的状态，那么人的身体就会出现问题。

思想对人的作用与元阴、元阳非常相似。像元阴、元阳一样，在我们出生的时候思想就已经具备了，它伴随着我们的一生，为我们的成长提供着原始的动力。大家想一下，一个婴儿降生以后，在 0~3 岁阶段，他就会观察周围的环境，分析周围人的语言和神态。当他想要吃或者喝，或者不舒服的时候，他就会用啼哭来表达自己的意愿。当他开心的时候，就会欢快地大笑。慢慢地他就会模仿周围的人说话，说出第一声“妈妈”或者“爸爸”。这段时期，外部世界的教育系统对他是不起什么作用的，完全依靠的是自己的原始物质所提供的动力。

随着我们的成长，我们不断地接受外界的信息和教育，我们的思想在不断完善、提高，自身在周围的生存环境中不断提升和扩大我们的生存能力，为我们的发展提供源源不断的动力。

用一个例子来说明思想具有拓展生存能力的力量。中国古代的成语“望梅止渴”我们都很熟悉，讲的故事是三国时期，曹操带领军队长途行军走在干涸的土地上，方圆数公里内

都没有水源，士兵们十分口渴。此时军心涣散，士兵们都害怕自己会渴死在这个地方。曹操便信誓旦旦地说："前面就是一大片梅林，结了许多梅子，又酸又甜，可以解渴。"事实上，曹操是为了鼓舞士气才这么说的，他根本不知道前面有没有梅林。可是士兵们听了都信以为真，脑海当中纷纷出现了梅子那汁多饱满的样子，也想到了梅子那酸到骨子里面的口味，顿时嘴里直流口水，一时之间也就不渴了。最终曹操的军队坚持了下去，直到找到真正的水源。

这个成语故事充分说明了人的思想和意识对人的生理的确有着影响，这种影响甚至可能是决定性的，决定着我们的生存能力。

再举一个例子，著名的抗战英雄赵一曼，在被敌人抓住之后受尽折磨，敌人对赵一曼使用了各种常人无法承受的酷刑，但是赵一曼始终没有屈服，坚守共产党员的理想和信念，没有背叛革命。是什么让人克服身体上的巨大痛苦，选择舍生取义的呢？靠的正是坚定的思想信念！

在这个例子里，思想起到的是约束限制自己行为的作用。正是因为思想信念有着如此强大的力量，所以鲁迅先生当年放弃在日本学习医术，选择回国用笔做武器，报效国家。因为鲁迅发现学医只能救很小一部分人，而且救的仅仅是他们的身体。可是如果思想生病了，哪怕拥有健全的躯体也无异于行尸走肉。成为一个作家，用笔作为斗争的武器，写出来

振聋发聩的文章，却能够拯救很多人的思想，促使他们改变国家命运。

思想也具有正反两面性。想想看，当你要决定一件事时，脑海里是不是经常会有两种想法：一种是支持，一种是反对？人们在做决定之前，总是会做一番思想斗争，这是正常的现象。我们每个人都会有为别人考虑、为集体着想的时候，同样也会有自私、为自己利益考虑的时候。历史上孟子提出了“性善论”，认为人性本善；荀子提出了“性恶论”，认为：“人之性恶，其善者，伪也。”这两位都是著名的思想家，他们的观点都有一定的道理。这看似矛盾对立的观点学说，恰恰说明了人思想的复杂性和多样性。人的思想里善与恶、正与反都是客观存在的，我们所要做的就是使自己的思想保持在一个动态平衡的状态，不走极端，同时注重道德修养的自觉性，来发扬人性中善的一面；也要强调道德教育的必要性，来约束人性中恶的一面，这样才能够健康发展。

所以，思想具有元阴、元阳一样的特性，是我们最原始，最根本的能量来源，对我们的人生有着极为重要的作用。

## 三、心智使我们茁壮成长

人的生长发育需要营养和能量，那么是不是获得了营养和能量就足够了，人就可以成长起来了？还不行，还需要一种载体和物质，可以把这些营养和能量输送到身体的各器官、各

部分，使得人体可以吸收到这些养分和能量，从而完成生命活动，并获得发育和成长。

中医学将这种载体和物质称为“气”。中医学中的气是指人体内活力很强、运行不息的这种极精微的物质，能够激发和促进人体的生长发育，推动和调控着人体内的新陈代谢，是构成人体和维持人体生命活动的基本物质之一。

对于“气”这个词我们并不陌生，平时我们总是说一个人发怒了就是“生气”，一个人被人欺负便是“受气”，说一个人去世了便是“没气”，一个人生病了没有体力也会说自己没有“力气”了；一个人说话的声音又大又红亮，十分具有穿透力，能够引发共鸣，我们可以说这个人的“中气”很足。

“气”仿佛是一个看不见摸不着，却又无时无刻不在我们身边，与我们的生活息息相关的东西。

三才教育论中的“心智”就恰如中医学中的“气”，虽然我们看不到它，但是它却是客观存在的，对一个人的行为和成长起到了重要的作用。

第一，心智促进人的成长。

我们思想的成熟是伴随着心智的成熟一起的，心智会把我们从外界吸收到的思想和知识转化为行动力，推动我们的进步，推动我们去向我们设定的目标前进。

心智所起到的推动人成长发展的作用，主要作用于推动人们精神上面的成长，但是也会影响人体生理方面的成长。

一个人的心智成熟，那么他的发展会比跟自己同龄或站在同一起跑线的孩子快上很多。两个家庭条件不相上下的孩子，他们在年龄上相当，且家庭所能够给他们提供的资源和物质条件方面也是相似的，甚至在同一所学校上学，但是两个孩子长大后的发展情况却是天差地别，这种情况在现实中并不少见。

造成这种差别的原因很多，其中心智的能力差别是重要原因之一。再好的教学环境和教学资源，如果学生的心智能力不行，也无法把这些有价值的知识和讯息吸收进自己的大脑，进而形成自己的思想，转化为自我的能力。就好像一个人如果气血不畅，无论吃什么营养食品，也无法吸收，依然得不到健康的体魄。

心智的重要性除了在于对人的精神有着很强的指导作用之外，还对于人的生理也会有一定的影响。有一句话叫做“相由心生”，人的心智、心态不同，看问题的角度也不同。如果这个人心态乐观豁达，阳光向上，那么他呈现出来的外在面貌往往也是积极的。这种“相”和人本身的五官美丑并没有什么太大的关系，而是人所呈现出的一种精神状态，是外貌形象是否有精气神儿、是否有正能量。如果这个人的心智不成熟或者有所残缺，他看世界的角度一直是阴暗的，心态不好，那么他的外在精神面貌也会是颓废，甚至萎靡不振的，这个人仿佛充满了负能量，给人的感觉就是没有神采，没有朝气，这也是心智

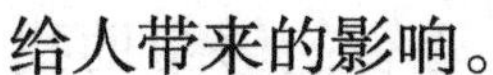

给人带来的影响。

第二，心智调整人的状态。

我们每天生活的环境，都会有很多可能对我们产生负面影响的事件发生。如何调整心态，把负面的因素消除，或者转化为积极的正面影响，就要依靠我们健康的心智能力。就如同我们身体一样，新陈代谢旺盛，人的气色就好；如果新陈代谢不顺畅，就会精神不振，甚至产生疾病。

如果一个孩子的心智成熟，那么他在精神方面的新陈代谢也会加快，最高的境界就是范仲淹在《岳阳楼记》里面曾经提到过的“不以物喜，不以己悲”。

人们对这句话的理解往往是觉得这种状态是不可思议的，人生遇到开心的事情不就是应该高兴，遇到伤心的事情不就应该难过吗？为什么要将“不以物喜，不以己悲”奉为圭臬，去追求不悲不喜，那样的话人岂不是没有感情了？

事实上范仲淹讲的“不以物喜，不以己悲”，并不是说人完全没有感情，而是要将这种喜和悲控制在合理的范围内，控制自己的情绪，用一种理性的视角去对待它们。

人在不同的阶段应该具备不同的能力，以适应外界的变化。但同时又不能被外界环境完全左右，从而失去自我。人生的道路上难免会遇到各种各样的挫折和困难，遇到挫折之后，灰心丧气一段时间是不可避免的，但是心智成熟的人能够在较短的时间内将这种负面情绪消化。

气能够推动我们的身体进行新陈代谢，心智能够帮助我们的精神进行新陈代谢，推动我们甩掉负面情绪，恢复精神上的健康。

第三，心智改变人的行为。

我们都有这样的体会，当我们对一件工作不感兴趣，或者不喜欢一个人，却要被迫去做这份工作，或者与这个人相处，我们就会情绪不佳，无精打采，没有动力。俗语说的“没有心气儿”就是这个意思。相反，如果是从事我们喜欢的工作，或者跟自己喜欢的人相处，我们就会觉得很愉悦，会很努力地去做事情。也许工作很辛苦、环境很恶劣，但是我们都不会介意，心情都会很开心。这就是俗话说的“心气儿高”。这就是心智的作用，它影响我们对一件事情投入的热情、精力、和效果。这就是用心、走心，不用心、不走心的区别。

一部电影中曾有这样的桥段：一个中学男生暗恋一个同班的女生，那个女生学习成绩很好，是个学霸，而男生是个游泳特长生，学习很差。女生有自己理想的大学，一心要考取这所大学。而男生凭目前的学习成绩是无论如何也考不上的。但为了能跟自己心目中的女神在一起，男生一改对学习的反感情绪，从此头悬梁、锥刺股地发奋学习，终于他考上了这所大学，跟自己心仪的女生成了大学同学，最后终于走到了一起。

虽然这是个电影桥段，但是这种事情在现实生活中也会频频上演。是什么让学习差的那一方能够燃起斗志克服学习

上的困难呢？源于一个人对另一个人的喜爱，改变了他的心智，心智的改变就直接改变了他对一些事物的看法和态度，在电影中就他对学习态度的转变。心中有想法、有愿望，打心眼儿里愿意去学，将学习作为自己获得快乐的途径，自然就有了充足的动力。而既然走心、用心地去学习了，那么学习成绩取得突破就不稀奇了。

有句老话叫做“男女搭配，干活不累”，这虽然是略含调侃性质的，但是他也有一定的道理。当男人和女人在一起干活的时候，异性会刺激人的多巴胺和肾上腺素的分泌，人在干活的时候便会减少劳动的辛苦感，而增加更多的兴奋感与愉悦感，所以自然觉得干活就不累了。

明白了心智的这种改变人的行为的作用，或者说能够使我们的兴趣和精力产生转移变化的作用，我们可以将它运用到对孩子的教育上去。许多家长老师无论如何苦口婆心地劝说孩子，给他们讲大道理，孩子都没有办法真正打心眼里燃起学习的动力。

其实我们一直都有一个错误的观念，那就是认为学习就是要“吃得苦中苦，方为人上人”。这诚然是客观事实，但是它并不是上上之策。这种方法无疑暗示学习充满了痛苦，而人必须经历痛苦，才能够达到优秀，这就将学习树立为我们的敌人。

我们如果能够将孩子的心智朝着积极健康的方向转变，让孩子们从心底里燃起对于学习的兴趣，或者说将学习转换为

达成自己目标的一个路径，那么学习对于孩子来说便不再是一件痛苦的事情，而是一件开心快乐的事。找到学习的乐趣后，他们便会主动地探索知识，从而自觉自愿地踏上学习之路。

就像前面介绍的电影桥段那样，男生将爱情转化为学习的动力，将学习作为获得爱情的途径，学习成绩自然能够有质的飞跃。但是我们也要注意一个问题，就是这种喜爱所转化的兴趣和行为，一定要是正向的、积极的，否则会带来适得其反的结果。

第四，心智推动人达成目标。

我们都听过一句俗语："精诚所至，金石为开"，意思就是只要你拿出诚心，就没有办不到的事。毛主席也说过，"世界上就怕认真二字"，意思也是说用心认真地去办一件事，总是能办成的。所以我们感觉到，心智在这个方面就犹如气对于人体起到的推动脏腑功能运转的作用一样，心智在我们的生活中起到了实现各种生活目标的推动作用。大家想想看，当我们用心去工作时，工作上就会出成绩；当我们用心去照顾家庭时，家庭就会和睦；当我们用心去锻炼身体时，我们的身体就会获得健康；当我们用心去追求爱情时，就会有爱情的收获，等等。所以说心智在我们生活的各个方面都起到了推动和促进的作用。

荀子的《劝学》当中有这样一段话，说："蚓无爪牙之利，筋骨之强，上食埃土，下饮黄泉，用心一也。蟹六跪而二螯，非蛇鳝之穴无可寄托者，用心躁也。"

这说的是柔弱的蚯蚓没有爪子，连牙齿都没有，更没有强健有力的筋骨。但是它向上可以吃到泥土，向下可以饮到地下的泉水，是什么让小小的蚯蚓能够有如此强的力量呢？是因为它用心专一。当蚯蚓想要去吃泥土的时候，便蠕动着自己弱小的身躯，一点一点顶破坚硬的土地去寻找食物。当蚯蚓想饮用水源的时候，便一点一点蠕动身躯钻到足够深的地下去喝水。这一过程可能会持续很久很久，蚯蚓专心一致将喝水或者吃土作为自己的唯一目标，那么它就一定能够实现。

再说一说和蚯蚓截然相反的蟹。蟹有六只腿，还有两只强而有力的大钳子，与蚯蚓相比可以说是蛮横的霸主了。螃蟹有如此好的先天条件，蟹却没有自己可以栖身的巢穴，它只能够瞅准机会看看蛇和鳝鱼谁不在洞里，上演一出鸠占鹊巢，占领别人的洞穴。明明有着如此好的先天条件，只要稍微努力一下，便能够挖出可以栖身的洞穴，可蟹为什么只能沦落到去抢占别人的巢穴呢？是因为螃蟹用心浮躁，不肯专心去做某一件事情，最后落得个如此下场。

荀子的这则寓言生动形象地说明了心智对于一个人所起到的重要作用。一个人是否具有持之以恒的毅力，是否能够做到专心一致，是这个人心智是否成熟的重要标志。

再比如名将韩信的成名之战——著名的“背水一战”。在兵法中，若是打仗的时候三面受敌，一面背水，那么必败无疑。在韩信之前，没有任何一位将领能够在这种地形下取得战争

的胜利，韩信却偏偏将这场战争的战场定在了如此凶险的地理环境下，最后取得了胜利。

事后韩信解释，处在如此恶劣的环境之下，战士们都已经抱着必死的信念，他们自然会不顾生死，背水一战，拿出拼死的决心，也就获得了最终的胜利。

所以说，心智就好像我们身体中的“气”，它使我们能够获得外界的营养，改善我们的状态，推动我们的前进和发展，是我们茁壮成长、成熟强大的重要因素。

## 四、性格带你走遍四方

在中医学的理论当中还有一个重要的概念就是“经络”。中医学上说，经络是运行气血、联系脏腑和体表及全身各部分的通道，是人体功能的调控系统。

人的身体需要营养物质的能量，然后通过气这个载体来运送到全身各处，经络就是气所走的路径。

经络不通畅就会引发许多身体问题，比如：失眠多梦、偏头痛、胸闷、耳鸣、手足冰凉，等等。通过中医的调理将人体的经络疏通后，这些症状就缓解甚至消失了。其原理很好理解，经络被疏通后就相当于通道疏通了，就好比马路上不再堵车，交通顺畅了，那么身体所需要的各种养分，自然就能够畅通无阻地运输到各处，那些让我们各个部位疼痛难受的淤血淤气也就被疏散了，疼痛不适的感觉自然也就减轻乃至消失了。

我们的“性格”就好像身体里的“经络”一样，起到能量传输路径的作用。说起人的性格，有很多种描述，比如：开朗、内向；懦弱、勇敢；活泼、腼腆；冲动、沉稳；细心、粗心；耐心、急躁；机敏、憨厚；开放、守旧，等等。

如果说思想给我们提供原始和持续的动力，思想的活动产生了驱使我们去从事各种行为的原始效能；心智把思想产生的效能转化为行动力，推动人去实际地从事各种社会活动；那么性格就是人的这种行动力通往社会行为的路径。

既然是路径，那么就会有道路畅通的时候，也会有道路阻塞的时候。道路畅通，自然车水马龙，人流物流顺畅。如果道路阻塞，自然拥堵滞涨，流通不畅。想想看，一个人的性格如果具备友善、谦虚、开朗、坦诚、机敏、沉稳、细致等特质，是不是在现实社会中会比较受欢迎？是不是就会人缘很好，朋友很多？那么他在社会中如果想做什么事情，就会有很多朋友可以去求助，有很多资源去调动。这就好像拥有了畅通的经络，可以把他的思想和心智决定的行动顺利地付诸实施。

反之，如果一个人的性格具有这样的特质：冷漠、傲慢、固执、虚伪、善变、愚笨、急躁、粗心等，那么他在社会中是不是就会不得人心、不受欢迎？这样的人真心的朋友没几个，遇到困难也没有人愿意提供帮助。他想要做什么事情，十有八九是不能成功的，也就是说他的思想和心智决定的事情很大程度上无法实现。这就是性格如同我们身体的经络一样，起到的

重要的作用。

用一个历史人物的故事来说明一下性格的重要性。

东汉末年时期的杨修，是个文学家，才思敏捷，灵巧机智，后来成为东汉相国曹操的谋士，官居主簿，替曹操典领文书，办理事务。有一次，曹操造了一所后花园，落成时，曹操去观看，在园中转了一圈，临走时什么话也没有说，只在园门上写了一个“活”字。工匠们不了解其意，就去请教杨修。杨修对工匠们说，门内添活字，乃阔字也，丞相嫌你们把园门造得太宽大了。工匠们恍然大悟，于是重新建造园门。完工后再请曹操验收。曹操问道：“谁领会了我的意思？”左右回答：“多亏杨主簿赐教！”曹操虽表面上称好，心底却很忌讳。

曹操多猜疑，生怕人家暗中谋害自己，常吩咐左右说：“我梦中好杀人，凡我睡着的时候，你们切勿近前！”有一天，曹操在帐中睡觉，故意落被于地，一近侍慌取被为他覆盖。曹操即刻跳起来拔剑把他杀了，复上床睡。睡了半天醒来后，佯惊问：“何人杀我近侍？”大家都以实情相告。曹操痛哭，命厚葬近侍。人们都以为曹操果真是梦中好杀人，唯有杨修又识破了他的意图，临葬时指着近侍尸体而叹惜说：“丞相非在梦中，君乃在梦中耳！”曹操听到后更加厌恶杨修。

最终有一次，曹操出兵汉中进攻刘备，困于斜谷界口，欲要进兵，又被马超拒守，欲收兵回朝，又恐被蜀兵耻笑，心中犹豫不决，正碰上厨师送来鸡汤。曹操见碗中有鸡肋，因而有

感于怀。正沉吟间，夏侯惇入帐，禀请夜间口号。曹操随口答道："鸡肋！鸡肋！"夏侯惇传令众官，都称"鸡肋！"行军主簿杨修见传"鸡肋"二字，便教随行军士收拾行装，准备归程。众人问道："为何收拾行装？"杨修说："以今夜号令，便知魏王不日将退兵归也，鸡肋者，食之无肉，弃之有味。今进不能胜，退恐人笑，在此无益，不如早归，来日魏王必班师矣。故先收拾行装，免得临行慌乱。"众人听后，觉得言之有理，遂亦收拾行装。于是寨中诸将，无不准备归计。曹操得知此情后，唤杨修问之，杨修以鸡肋之意回复。曹操大怒说："你怎敢造谣言，乱我军心！"喝令刀斧手将杨修推出斩之，将首级悬于辕门外。

杨修以聪明才智论，绝对是一个人才。但是性格上不知道收敛和审时度势，面对多疑的枭雄曹操依然直来直去地卖弄聪明才智，岂不料给自己惹来杀身之祸。所以说性格没有绝对的好与坏，主要看是否适合所处的环境。如果杨修面对的是一个胸怀宽广、慈善惜才的主公，那么很可能就不会是这个结局了。

通过这个例子我们可以知道性格对于人生有着怎样的重要性。当性格适应周边的环境时，我们可以生存发展得很好，有一种如鱼得水的感觉；当性格不能适应所处的环境时，我们就会举步维艰、寸步难行，甚至会招致生命的危险。

# 第二节　儒家与三才教育

儒家起源于中国，在中国有着上千年的历史，直到今天依然对现代人的思想和行为方式有着重大的影响。

## 一、三才教育中的儒家理念

“仁、义、礼、智、信”被称为儒家的五常之道。“五常”指的是做人的起码道德准则，这是儒家所提倡的人作为个体存在，与其他个体以及整个社会相处所要遵守的基本关系。遵守这五常之道，人与人之间便能够很好地相处，社会便能够和谐融洽。

“仁、义、礼、智、信”五个字，也可以被称为儒家思想的核心。

首先，“仁”指的就是人的良心，比如儒家所提出的“己所不欲，勿施于人”，“老吾老以及人之老，幼吾幼以及人之幼”等，其实就是说明人要对他人有宽宏厚道之心，不能以过于严苛的标准去要求别人，要对别人的错误予以包容，要爱别人。儒家所提倡的仁爱，是要平等地爱人，推己及人，站

在别人的立场上去思考问题，讲求的是和谐共处。

“义”者宜也，这个“义”不是字面意思上的讲究义气，而是倾向于万事万物要因地制宜、因人制宜、因材施教，这有点类似于我们现在所提倡的具体问题具体分析。正义的事情该做的就去做，不该做的就不做。要有所为，有所不为，要用道德准则去判断一件事，要有为人的道德底线，要讲道义，正所谓“君子喻于义，小人喻于利”，“不义而富且贵，于我如浮云”，“富贵不能淫，威武不能屈”。所以“义”就是坚守人的道德底线。

“礼”指的是礼节，儒家非常重视礼节，如果礼崩乐坏，那么这个社会就会出现问题，在家庭中长辈和晚辈之间要遵守一定的礼节，在学校里老师和学生也要遵守一定的礼节。夫妻之间有礼节，朋友之间也要有礼节。礼节表明二者之间的相互尊重，长幼有序，拥有了秩序，这个社会才能够稳定和睦。

“智”指的是知识，明白是非、曲直、斜正、真妄，有辨别黑白的能力。所谓“知之为知之，不知为不知，是知也”。古人云：“生而知之者，上也；学而知之者，次也；困而学之，又其次也；困而不学者，民斯为下矣。”“三人行，必有我师焉！择其善者而从之，其不善者而改之。”“默而识之，学而不厌，诲人不倦，何有于我哉？”等等，都是阐述知识的重要性，鼓励人们要终身学习。

“信”，信者，信字从人言，言非曰，乃有定之文也，用我

们今天的话说，可以将它理解为一个人的思想与学说。人言也，远古时没有现代的交流工具，经验技能均靠言传身教。信者，实为人类之言，是人类从普遍经验中总结出来的东西，这个思想学说能够传承的前提就是人要讲求诚信。

综上我们可以这样简单地理解“五常”：

仁：就是仁爱，要善良宽容。

义：就是道义，要遵守道义。

礼：就是礼数，要尊重他人。

智：就是智慧，要通晓知识。

信：就是诚信，要诚实守信。

以三才教育论去理解儒家的核心思想，我们就会发现，三才教育论的理念和儒家思想是高度相通相融的。下面我们分别来阐述一下。

首先“仁”，儒家讲的仁包括了仁爱之心，平等宽宏，以德服人，博施济众，这些都是属于三才教育里面的“天才”——“思想”的范畴，只有具备了“仁”的思想，才能行“仁爱”的行为，成为一个仁慈、仁爱之人。

“义”，义者，宜也，即因时制宜、因人制宜、因地制宜。这个义字也体现了三才教育里的“天、地、人”。实际上这个“义”字的核心是实事求是、符合客观规律的意思。这也是我们三才教育的“人才”——“性格”所包含的核心：实事求是、懂得变通、适应客观世界的规律去做事的性格特征。

“礼”，礼者，礼数也。尊卑长幼有序，处事有规，淫乱不犯，不败人伦，以正为本，发为恭敬之心，此为礼也。这在三才教育中是属于“地才”——“心智”。心智的修养包括对待周围的人和事的心态和态度。尊老爱幼、遵纪守法等都是心智里面倡导的我们做人的基本态度。

“智”，智者，知也，无所不知也。明白是非、曲直、邪正、真妄，即人发为是非之心，文理密察，是为智也。在三才教育论中，这是知识和判断的能力，属于“天才”——“思想”的范畴，需要我们不断丰富自己的学识，增强自己处理事物和判断是非的能力。

“信”，信者，诚信也，就是诚信守法，一诺千金。信，心里有什么话就直说，古人说，言为心声，人的言论应当是诚实的、真实的、不虚伪的。一个说话言不由衷、言行不一的人，肯定不是重“信”的。从“信”这个字的结构看是左边一个人，右边一个言，也就是人说的话。人说的话要真实、诚实，方为“信”。而三才教育中的“地才”——“性格”就包括倡导人们要有诚实守信的性格，这是三才教育培养人们应该具备的性格素质。

所以儒家的“仁、义、礼、智、信”分别对应了三才教育论中“天才、地才、人才”的各个方面，是包含在三才教育论所提倡的教育理念里面的。可以说儒家的思想和理念为三才教育论提供了教育内容和素材。

## 二、三才教育中的中庸之道

儒家有一个重要的思想理念，就是“中庸之道”。中庸之道是指：待人处世采取不偏不倚的、均衡的状态。《论语》中说：“中庸之为德也，其至矣乎！”意思是：中庸作为一种道德，该是最高等的了。

孔子说：“诗三百，一言以蔽之，曰：思无邪。”这是说《诗经》三百篇，可以用一句话来概括它，就是思想纯正。思想纯正就是心无邪念，不偏不倚，也是中庸之道。

中庸之道是中国人所特有的一种思想，主张不偏不倚，凡事不可以过于极端，要凡事取中。

这种儒家的思想精髓和三才教育论的核心理念也是一脉相通的，可以说是丝丝入扣地契合。在三才教育论的理念里，无论是思想、心智还是性格，都不可以落入极端，而应该走中间的中庸之路，这样才能行稳致远，健康长久。

思想虽然要远大，也同时要顾及眼前的实际，如果一味空谈远大的理想，却不能将其落实到实际行动当中去，那么只能是一场空谈。

心智也不可走入极端，虽然心智当中需要有坚持不懈的品质，但是也要考虑实际，如果一条路走不通也要懂得变通和曲线救国，不可以顽固地在一样东西上面耽搁太久的时间，荒废青春。

性格也是这样的，之前我们已经提到过性格分成很多种类型，根据每个人的天赋秉性以及后天生活经历和周围人的影响不同，每个人的性格都带有极强的个性色彩。个性色彩是没有绝对的好坏之分的，可是无论哪种性格，内向或外向、幽默或寡淡，如果一味走入某种极端的话，势必会带来坏的影响。如果外向的人过于极端，就会给人造成玩世不恭、油嘴滑舌的印象；如果内向的人过于极端，又会变成与世隔绝、自闭的形象。

所以说儒家所提倡的中庸之道也正符合三才教育论的核心理念，二者是一脉相通的。

## 三、三才教育中的慎独

儒家思想中还有一个十分重要的概念叫做“君子慎独”。《礼记·大学》中说：“此谓诚于中，形于外，故君子必慎其独也。”意思是说，在闲居独处无人监督的时候，更要谨慎从事，自觉遵守各项道德准则。

独处时最能显现出一个人的本性，往往最能体现一个人的品质。“慎独”是我国古代儒家创造出来的具有我国民族特色的自我修身方法。《礼记·中庸》中写道：“道也者不可须臾离也，可离非道也。是故君子戒慎乎其所不睹，恐惧乎其所不闻。莫见乎隐，莫显乎微，故君子慎其独也。”这里强调的“道”和“不可须臾离”之意，是“慎独”得以成立的理论根据。

综观其文，“慎独”指的是人们在个人独自居处的时候，也能自觉地严于律己，谨慎地对待自己的所思所行，防止有违道德的欲念和行为发生，从而使道义时时刻刻伴随主体之身。

一个人独立工作、无人监督时，失去外在的约束，就有做各种坏事的可能。能否做到“慎独”，以及坚持“慎独”所能达到的程度，是衡量人们是否坚持自我修身，以及在修身中取得成绩大小的重要标尺。“慎独”作为自我修身的方法，不仅在古代的道德实践中发挥过重要作用，而且对今天的人们依然具有重要的现实价值。

慎独是儒家的重要思想，也是儒家自我修养的重要手段。“吾日三省吾身”，即是慎独的工夫。三省其身，即面对自己，自我反省，纯粹是为己之学。鲁迅曾说：“我的确时时解剖别人，然而更多的是更无情地解剖我自己。”

三才教育论所推崇的正是人的一种自我修行。三才教育论所体现的“慎独”正是让人不断地审视自身的三才，在独处的时候、在无人监督的时候、在落寞的时候，都能够反省自身，审视自己的三才——“思想、心智、性格”，从而达到独立的自我平衡、自我修为、自我升华。可以说“慎独”正是三才教育论的修行方式，也是达到三才修为的必经之路。

慎独是三才教育论中重点提倡的一种优秀品质，即做人的自律性和自我反省的能力，这对于学生独立学习以及之后走向社会都有着极大的影响作用。而且三才教育论提倡自我

修为、自我修行，这一切的成长都建立在自律、自觉的基础上。没有自律性，没有慎独的品质，就无法在三才方面获得很大的进步。很多人无法正确认识自己，就是因为“不识庐山真面目，只缘身在此山中”。只有培养出一种向内反省的能力，具备慎独的品质，方可成为真正的人才，有所建树。

儒家讲求的最高境界是“修身，齐家，治国，平天下”。《礼记·大学》中说：“古之欲明明德于天下者，先治其国。欲治其国者，先齐其家。欲齐其家者，先修其身。欲修其身者，先正其心。欲正其心者，先诚其意。欲诚其意者，先致其知，致知在格物。物格而后知至，知至而后意诚，意诚而后心正，心正而后身修，身修而后家齐，家齐而后国治，国治而后天下平。”

这段话的大意就是：那些要想在天下弘扬光明正大品德的人，先要治理好自己的国家；要想治理好自己的国家，先要管理好自己的家庭；要想管理好自己的家庭，先要修养自身的品性；要想修养自身的品性，先要端正自己的思想；要端正自己的思想，先要使自己的意念真诚；要想使自己的意念真诚，先要使自己获得知识，获得知识的途径在于认知，研究万事万物。通过对万事万物的认识研究，才能获得知识；获得知识后，意念才能真诚；意念真诚后，心思才能端正；心思端正后，才能修养品性；品性修养后，才能管理好家庭；家庭管理好了，才能治理好国家；治理好国家后，天下才能太平。

“修身”就是修养自己的身心，要“见贤思齐焉，见不贤

而内自省也”，要“吾日三省吾身”，时常反省自己，注重发现自己的问题。

“齐家”是将家庭氛围整合好，家庭就如同一个小小的国家，如果能够处理好家庭之间的关系，形成良好的家风，一家人和谐相处，其乐融融，对于每个家庭成员来说，都是一件非常幸福的事。

“治国”就是治理好一个国家。把一个国家管理得井然有序，国泰民安，公平公正，人们都能够安居乐业，是一件非常不容易的事。

“平天下”就是安定整个世界，使全人类进入太平盛世，这是人类的终极目标。人人渴望和平，渴望安宁，渴望富足的生活，天下太平，是所有人的共同愿望。

在三才教育的理论里，并不是培养每个人都成为精英，成为人上人，成为行业翘楚。相反三才教育的受众是普通大众，我们每个人生来的环境和基础不一样，不能要求每个人在社会上成就一番大事业才算成功。一个普通人，他只要过好自己平凡而不平庸的人生，就是一个成功的人。三才教育论给大家讲述正是这样一种理念，每个人都是独一无二的，我们都是在和自己比较，在自我修为，只要把我们的一生过得有意义、有价值，就是成功的人生。

以三才教育论来看，如果一个普通人的三才修为好，那么他最起码是应该可以做到“修身”和“齐家”的。一个人在

思想、心智、性格三方面都健全，并且完整而平衡，他就能够做到独善其身，这就是做到了“修身”。而且他能够给他身边最亲近的人，即他的家人带来帮助、支持、快乐，这就做到了“齐家”。

一个人如果思想、心智、性格等三个方面的修为都很高，那么他所释放的能量和影响力就不仅仅是对他身边的家人，而是对整个社会都会带来影响和改变。他可以用他自身的“天才、地才、人才”三个方面的能量去撬动外部世界的“天时、地利、人和”，也就是用自己的小宇宙撬动世界的大宇宙，从而产生惊人的能量和影响力。这就是我们看到历史上很多伟大的人物，凭着自己的影响力改变了历史的进程。这里面有偶然的因素也有着必然的因素。这样的人，他的三才修为之高，就不会仅仅满足于“修身、齐家”，那样是人才的极大浪费，他必然会达到“治国、平天下”的层面。所以能否“治国、平天下”完全取决于个人三才方面的修为。

下面我们分别论述一下，三才修为如果不平衡，通常会出现的几个情况。

因为“思想”是三才中最重要的一个因素，是决定了一个人大的方向和上限的因素，所以我们以思想为核心来论述，这样最能清楚说明实际情况。

第一，“天才—思想”修为高且正，但是“心智”和“性格”修为低，这样的人的表现通常是胸怀大志，但是眼高手

低，会有怀才不遇的感觉。

第二，“天才—思想”修为低且正，但是“心智”和“性格”修为高，这样的人在生活中会有小聪明、小智慧。无论是个人创业还是上班就业都会给人很精明的感觉，但是又不会有大的成就。

第三，“天才—思想”修为高且正，而且“心智”和“性格”修为高，这样的人就是国之栋梁，为国家和社会之幸。他们能够为社会带来正面的影响和贡献。

第四，“天才—思想”修为高但不正，而且“心智”和“性格”修为高，这样的人最危险，对社会的影响往往是负面的，有可能给社会带来很大的负面影响和灾难。

所以，三才教育论强调对一个人的思想、心智、性格方面的培养，这与儒家的核心思想是相通相融的。儒家的很多思想和观念，可以应用到三才教育的过程和实践中去，起到相得益彰的效果。

# 第三章

# 三才教育论与青少年教育

# 第一节　我国当前教育模式分析

从1978年恢复高考到今天，我国的基础教育历经了风风雨雨，走过了40年。在这段历程当中，我国的教育普及率稳步上升，群众接受普及教育以及高等教育的层次都在不断提高，教育的提升也为我国的经济发展和社会发展作出了不可磨灭的贡献。

## 一、我国的教育目的

根据第八届全国人民代表大会第三次会议上通过的《中华人民共和国教育法》的规定，我国的教育方针是为了培养人的社会性。学校教师传授学生基本的知识以及生存技能，还有相关的集体意识、规则意识，目的是培养一种服务型人才。这样的教育方针非常适应我国社会主义初级阶段的基本国情，这样的教育成本低而且见效快，培养出的人才以知识应用型人才和服务型人才为主。

但是，随着我国综合国力的提高，人民生活水平层次的飞跃，这样的教育方针已经逐渐跟不上中国大踏步前进的步伐了，目前我国正处在一个教育的转型期，站在一个分叉路口向

前观望，正在谋求教育目的的转型。我国的教育也从应试教育开始向素质教育的大方向转变。

## 二、我国当前教育模式

我国从 1985 年开始普及义务教育，时至今日近得 30 年来一直延续着义务教育的总框架，也就是实用主义教育。

这种教育模式沿用的是赞可夫提出的 5 大教学原则：高难度教学原则、快速教学原则、理论知识指导原则、理解知识过程原则和一般发展性原则。这种原则和模式在当时的情况下无疑都是最适合我国国情的，是在采用了马克思提出的教育理论基础上，又融合了中国传统的教育理念而形成的教育结构，本质上就是人的社会化教育。

中国从古至今都是一个注重教育的民族，主张修身、齐家、治国、平天下。其教育本质是使得人成为一个社会化的人，这也是为什么虽然中国古代佛、道、儒、墨、法众多学派并存，却以儒家学派为中华民族根本之所在。儒家所讲求的上进、求学、重视礼仪教化等一系列思想是最适合中国古代社会发展的思想理论，也是最能够为当时大多数人接受的教育核心理念，“仁、义、礼、智、信”本质上也是人在社会当中相处、社交的一种行为准则。

十八届三中全会的召开，标志着我国的改革开放进入了新的历史阶段，会议明确提出了现阶段的教育事业以立德树

人为根本任务，以促进教育公平、提高教育质量为主线，这也就意味着我国的教育进入一个新的快速发展时期，办学的模式也会日趋多样化。

随着中华民族伟大复兴的进程不断加速，对教育界来说既面临着机遇也面临挑战。站在新的历史时刻，我们应以谨慎的目光去审视当前的教育现状，力求共同努力创造出一个更适宜的教育环境，培养出更多社会所需要的人才。

无论是学校、家长，还是学生自身都要做好准备，要顺应社会的发展，以面向新时代的教育理念和教育方法来培养人才、提升自我，这样才能在时代发展的大潮中不负韶华。

## 第二节　未来需要培养什么样的人才

钱学森是我国享誉世界的科学家，是我国航天事业、弹道导弹事业、自动化控制事业的奠基人之一。钱老曾感慨地说："为什么我们的学校总是培养不出杰出的人才？"这便是流传已久的"钱学森之问"。

钱学森的一生见证了中国从落后到重新崛起的过程，祖国在教育培养人才的领域投入的经费水涨船高，但是"钱学森之问"依旧存在。从"钱学森之问"出发，我们应该认真总结国内教育的现状，努力破解难题和困局。

中国科学院院士、清华学堂钱学森力学班首席教授郑泉水就曾经提到，应试让学生们付出了太多，而最应该展现的兴趣、激情、思考等，却又明显暗淡，并影响了他们的大学学习，甚至一生的发展。

如何才能破解"钱学森之问"，让中国培育出更多优秀的人才，并且让这些人才都能够找到自己最感兴趣、最合适的职业方向呢？这就回到三才教育论所关注的思想、心智和性格这三才的培养与发展上来了。

我们需要培养出的是怎样的人才呢？在阐述之前，我们

先看一段对国家综合国力的论述，通过国家综合实力的衡量指标，我们可以借鉴和思考：在当今时代，我们的社会究竟需要哪种类型的人才。

曾经有国际关系专家这样描述国家间的关系：国际关系有个基本的任务，就是评价各国国力的提升，包括它的治理能力，评价一个国家的国力时常考虑如下几个方面。

第一个就是战争。这个方法很简单，打一仗就知道了，战争的结果就能评价交战两国的国力高低。但是战争不道德，而且代价太大，所以这个指标不能随便用。

第二个是经济发展。如果一个国家经济发展长期低迷，那么它的治理能力肯定是有问题的。

第三个是举办大型体育赛事的能力，尤其是奥运会。

第四个是一个国家应对自然灾害的能力。自然灾难包括水灾、森林火灾、地震，还有瘟疫等。

这些评价国家综合国力的指标很有借鉴价值，可以应用到我们的教育领域里。由此引发我们思考如何评估一个人的综合能力，或者说评价一个人是否属于人才的应有哪些参考指标。

对于一个青少年儿童来说，也可以由四个指标来评价其综合能力：考试成绩、生活能力、个性特长、心理承受力。

第一，考试成绩。

对于一个国家来说，战争可以考验国家综合实力，是国家

之间用暴力手段进行对抗和比拼的一种方式，也就是在军事上拼个高低、比个胜负。但是战争对于国家之间也是非常态的方式，那如何应用到青少年呢？

在现代文明社会里，这种比拼已经演变为各种竞赛，例如体育赛事等。同样是竞争，同样是比拼，同样有胜利者，只不过代价没有那么残酷和血腥。不过竞赛和战争在本质上有相同的一面，那就是在某一方面会有较量，会有输赢。

对于青少年来说，考场就像是战场。能否适应考试，并在考试中取得好成绩，就如同一个战士能否适应战场，并帮助军队取得战争的胜利。考场相比较于战场，还是要简单容易很多。因为考场更多体现的是竞争而不是对抗，战场则更多的是谋求在对抗中获胜，显然后者的难度更大。

我们的生活中存在这样一种非考试型学生，他们平时学习成绩较好，在一些不重要的考试中能取得好成绩。但是到了真正重要的考试，例如期末考、中考或高考的时候，却总是发挥失常，没有平时表现得好。另一种考试型的学生恰恰相反，在平时的考试中并不突出，到了真正重要的考试时，却能够超水平发挥，考出好成绩。这两者差距产生的原因主要是心智的能力。

考试不正是综合的考察手段吗？心理调整能力也是考试应对的一部分，能否在重要的场合发挥自己应有的水平，正是一个人综合能力的体现。试想一下，如果一个战士在平时训练

时表现良好，在战场上却表现失常，那付出的代价得有多大？还会连累很多其他同伴。所以考试成绩，也是在竞争中的表现，是衡量一个青少年能力的重要指标。

第二，生活能力。

我们前面提到了，衡量一个国家国力的其中一个指标是经济发展。对于一个青少年来说，生活能力就是类似的一个衡量指标。大家知道经济建设的内涵是什么呢？对一个国家来说就是老百姓的吃穿住行、安居乐业。把老百姓的生活搞好了，就是把经济建设搞好了，所以经济建设的核心是生活的质量。

那么对于一个孩子来说，如果他能把自己的生活起居搞得井井有条，有很强的生活自理能力，就体现出他有爱好的综合能力。我们有一些家长，恨不得让孩子一点家务也不要做，把所有的时间都放在学习上或者娱乐上，其实这是对孩子能力成长的伤害。现在有一些大学生，进入大学校园以后，发现生活能力一点也没有，自己的生活不能安排好，很多事情依靠家人成了习惯，到需要自己处理的时候手足无措。试想这样的青年人能称之为人才吗？能适应社会的需要吗？所以说生活能力也是我们评价一个青少年能力的重要指标。

第三，个性特长。

对于一个国家来说，衡量国力其中的一个标准是举办大型赛事的能力。因为举办大型赛事体现了一个国家的财力和组织能力，同时大型赛事也是一个国家对外展示自我的好机

会。如果大型赛事举办成功，这个国家的影响力会得到很大提升。为什么呢？因为其他国家通过这个赛事能够更多地了解你的国家，了解国家优秀的一面，会为这个国家带来更多的好感和发展机会。

对于一个孩子来说，自然不能用财力和组织能力来衡量他，但是他的个性特长以及展示特长的能力可以作为衡量其综合能力的重要参考指标。

因为未来的社会发展中，一个人如果能够脱颖而出，往往需要在某一方面有与众不同的特长，如果在这个特长方面能够持之以恒地投入时间来学习和发展，一定可以取得一定的成就。在青少年时期，如果一个孩子具备了一定的特长和爱好，并且能够充分地展示自己，这个孩子无疑在未来的发展中有着更大的成功概率。所以说个性特长是衡量一个孩子综合能力的重要方面。

第四，心理承受力。

青少年心理承受能力的培养是未来人才教育的一个大问题，因为成才之路从来都不是一帆风顺的，而是势必要经历一番坎坷的。要想更优秀就要比其他人承受更多的痛苦和失败，这是不变的定律。所以培养青少年的心理承受能力是教育工作当中的重点，也是教育工作当中的难点。

心理承受能力弱的孩子容易因为不能够承受失败等一系列困难而止步不前，甚至轻生，还有可能产生社会性的危害，可能会去伤害他人，报复社会。

提高青少年的心理承受能力，不仅仅是为了青少年个体着想，也是为了整个社会的安稳着想。在这个快速发展的社会中，社会节奏日益加快，人们注重物质上的享受，而精神上出现的问题也日益彰显。良好的心理承受能力并不是与生俱来的，更多的需要靠后天正确积极的引导以及磨炼，让孩子们懂得如何用正确的心态去面对困难，疏导自己的不良情绪。

当发现不良情绪的时候，要学会正视不良情绪，并且学会找到不良情绪产生的根源，积极思考应对的办法，给自己制定目标，最终摆脱不良情绪的负面影响，恢复正常的生活状态。

以上阐述了衡量一个青少年综合能力的四个参考指标，那么对于一个成年人，这四个指标还适用吗？

对于一个成年人来说，综合能力的四个指标略有不同。它们是：事业发展能力、家庭经营能力、资源整合能力、心理承受能力。

第一，事业发展能力。

对于一个成年人来说，工作和事业能否做好，意味着能否给家人带来足够的收入，提供一定品质的生活。事业发展能力，包含着竞争能力、专业水平、人际关系等多项能力，所以它是衡量一个成年人能力的重要标准。

第二，生活经营能力。

俗话说“家和万事兴”，一个人的家庭是否经营得和谐幸

福，直接影响到他的事业发展。有一首老歌写得好：“军功章里有我的一半，也有你的一半。”生活的经营中最重要的是家庭的经营，家庭是一个人休息的港湾，也是在低谷的时候获得温暖和支持的地方。如果一个人能够把自己的生活经营好，就意味着当他面临困难和绝境的时候，有一个地方可以疗伤和获得能量，不管是家人还是朋友都可以为他提供帮助和支持，那么他就有很大概率能够战胜困难，东山再起。反之，如果自己的生活经营不善，陷入困境的时候树倒猢狲散，众人看笑话，那么他就很容易被困境所击倒，从而一蹶不振。

第三，资源整合的能力。

就像一个国家举办大型赛事需要政府有很强的组织能力，民众有很强的执行力，团结一致把赛事举办成功。对于一个人来说，如果他具备调动各方面资源的能力，为着一个共同的目标，能够号召大家一起行动，团结在一起，把对目标的追求持续进行下去，这个人就是一个能力很强的人。我们在生活中看到很多成功的企业家都是具备这种能力的。

第四，心理承受能力。

对于一个国家来说，应对各种自然灾害的能力就是一个国家国力的体现。因为自然灾害是不可预知的，在突发事件面前，一个国家的应急机制，组织和协调能力，迅速解决灾害的能力确实考验着一个国家的国力和治理水平。

那么对于一个人来说，又何尝不是如此呢？我们的一生不可能总是顺风顺水。俗话说，人生不如意者，十之八九。那么当遇到挫折和打击的时候，一个人能否应对处理好，当然就是一个重要的能力了。

总结一下，未来我们的社会更需要一种综合能力很强的人才，无论是国家之间的竞争，还是个人发展的竞争，比拼的也是全方面的综合实力。对此我们要有清楚的认识，从而可以有的放矢地开展教育工作，培养出有利于社会发展的高素质人才。

## 第三节　未来需要什么样的学校

学校是人类社会发展到一定阶段的产物，可以简单地理解为是以让人求学、求知为主要功能的一个场所。

其实中国早在4000多年前就已经有了学校的雏形，那时候的学校叫“庠”，高一级的大学叫“上庠”，低一级的小学叫“下庠”。到了夏朝时期，学校开始分等级了，统治者将学校分成了四个等级，分别叫做“学”、“东序”、“西序”和“校”。到了商朝，依旧是将学校分成四级，但是名字有所不同，变成了“学”、“右学”、“左学”和“序”。到了汉代，学校有了进一步发展，最高等的学校叫做“太学”，后来改名叫做“国子学”“国子寺”“国子监”，等等。

汉代出现了“罢黜百家，独尊儒术”的现象，同时汉代也是中国古代教育史上一个蓬勃发展的时期，这时候儒学盛行，在学校中学习的主要是儒家思想。

汉代的学校分为“官学”和“私学”两种，私学也叫“蒙学”，是私塾性质的学校，一般由民间私人举办，教授的内容比较基础，相当于咱们现在的小学。后来学校发展到了明清两代，官学的国子监已经不仅仅是单纯教书育人的学校性质，还

兼具了教育管理机构的功能。

清光绪二十九年，清政府颁布了《奏定学堂章程》，明确了整个学校的教育制度，还规定了各级学校的课程。《奏定学堂章程》里公布的小学课程是中国第一套正式的小学课程。

西方的教育体系中，西方现代学制可以归结为三种基本的学制类型。

第一种是双轨学制，这是一种较早的教育学制，萌芽于18、19世纪的西欧。一轨是为资产阶级贵族子女设置的，它的结构包括大学、中学，以学术性为主。另外一轨是为劳动人民的子女设置的，其教育目的是培养拥有专业技能的劳动者，它的结构主要是小学、职业学校。但是这种双轨学制存在着很大的弊端，并不利于教育的普及。

后来美国采用了较为先进的单轨学制，单轨学制便是自下而上的学制，分为小学、中学、大学，无论是资产阶级的子女还是劳动人民的子女，都在同样的教育系统中学习。这种单轨学制后来被很多国家采用，也有利于教育的普及。但是这种单一的学制由于在校学习的学生，其家庭背景、学习能力差异巨大，导致学校内教学资源和学校间生源水平参差不齐，教学质量相差较大，也存在着明显的弊端。

十月革命之后，苏联产生了一种既有单轨学制特点，又有双轨学制因素的分支型学制，也就是所有的学生在接受了同样的初等教育之后，根据自身不同的能力可以选择职业教育

和普通教育两个方向，这就有一点类似于我们现在所采用的教育制度了，学生可以走向学术研究领域，也可以走向专业技能领域。

不过分支型学制也有它的缺点，这种学习制度课时多，课程复杂，还设立了一些地域性较强的课程，所以也得不到很好的发展。

随着社会的进步和劳动生产力的提高，我国现在的教育制度实行义务教育制。义务教育是依据法律规定，适龄儿童和少年必须接受，国家、社会、学校、家庭必须予以保证的国民教育。

义务教育最早起源于德国，义务教育的特点是具有强制性、免费性和普及性。

1986 年 4 月，第六届全国人民代表大会第四次会议通过了《中华人民共和国义务教育法》，同年 7 月，国家以立法形式正式确立我国实施九年义务教育制度，这标志着我国的基础教育发展到新阶段。

我国的教育制度提倡普通教育与职业教育的综合化、高等教育的大众化，以及要建立终身教育体系的观念。我国现行的学校教育制度分为学前教育、初等教育、中等教育、高等教育。学校可按照不同的系统划分，按照教育对象分为普通教育学校和特殊教育学校。按照学校的教学形式，可以分成全日制学校和非全日制等。按入学者年龄可分为以学龄青少年为对

象的普通学校和以成人为对象的成人学校。我国现行的学校教育也可以按照类别结构分为基础教育、职业技术教育、高等教育、成人教育和特殊教育五大类。而从类型上看，我国现行的学制是从单轨学制发展而来的分支型学制。

经过几千年的演变和改革，我国的学校制度从远古走向近代，教育经历了无数次变革，当前由于社会迅速发展，我们的学校教育制度也适时需要进行新的变革。

曾有教育专家提出过对未来学校的规划，设想中未来的学校将不再是唯一的学习场所，学校可以变成教育服务机构和数据中心，课程由教育部门招标，全社会竞争中标，老师来自全社会。而未来用于教学的场所，不再仅仅局限于学校教室，可以将许许多多灵活的地点都变为学堂。课堂将是孩子们进行自主探索的地方，项目式学习将成为一种非常重要的模式。项目组的成员并不是按年龄组成，而是由对同一个课题有兴趣的人组织起来的。未来的学习不再是为职业做准备的学习，而是一个从摇篮到坟墓的全生态、全链条、无间断的终身化学习。未来的基础教育阶段要更注重人的素养的提升，教育的重点专注于把每个人的创造性激发出来，充分尊重每个人的内在能力，教育的目标是让每个人成为更好的自己。

这种大胆的教育改革方式目前还只是在设想阶段，甚至被很多人认为是天方夜谭。但是我们关注一下这几个要素：终身学习、激发个人潜能、灵活的学习场所、依照兴趣组成的项

目式学习、基础教育更注重素质培养等，这些不正应该是教育改革的方向吗？

因为疫情防控使得我们的教育体系被迫进行调整，网课成为特殊时期维持教学工作的重要手段。这样的现实也应该引起我们的思考，在新时代、新环境下，传统的教学方式和教育理念必然要经历变革，不管是主动还是被动，都需要去适应当前的社会和时代的发展。

当下的中国，正处在一个快速成长的时代，处于一个重要的转型时期。这个时期，我们面临的一个重要课题就是如何凝聚共同的价值观。一个社会如果缺乏共同语言，没有共同理想、共同的道德标准和共同的价值观，就不会有对未来的共同愿景。如果没有共同认可的核心价值体系和思想基础，我们很难实现民族伟大复兴的使命。

那么一个国家核心的凝聚力和大众普遍认同的价值观是从哪里来呢？答案就是从精神文化上来，中国五千年的文明，给我们后人最大的财富就是其精神文化的历史积累厚重而深远。

比如，在汉代的时候，儒家思想得到很大的发扬，在当时是整个社会所认同的核心价值观。儒家思想的“仁、义、礼、智、信”，符合大多数人的道德准则与价值标准，这种思想价值能够被大家广泛认同，成为当时社会的核心价值观。

中国的历史文化源远流长，发展到现在已经形成了一些

中华民族所认同的核心价值理念，比如说“艰苦奋斗”“自力更生”“勤俭节约”“尊老爱幼”等。我们都认同“己所不欲，勿施于人”，都知道“三人行，必有我师”，都认同“大丈夫”“君子”的品行，认同这些最基本的社会准则、道德规范，造就了我们中华民族的精神内核。对于中华文化的认同与奉行已经形成了长久的传统文化，这样一种传统文化流淌在每个中国人的血液里。

中华民族已经形成的相对稳定的价值观念，是从中华优秀的传统文化中脱胎换骨而来的，使得中华儿女有着强大的国家归属感和民族认同感，所以中国才能够成为四大文明古国当中唯一的文明没有中断过的民族。

中国古人所说的“半部论语治天下”，其实就是价值观认同的问题。不是《论语》本身，而是《论语》里的思想价值被大家广泛认同，所以读懂它就可以治理天下。

新中国成立后，我们的文化有了进一步的发展，思想观念也有了进一步的转变。随着人民的经济水平日益增长，人民对于物质文化的需求也日益增加，我们更要增强国民对于文化的普遍认同，此时正是振奋民族精神、提高公民素质、淳化社会风气、构建社会主义核心价值观的重要时期。

中国今天教育的模样，便是明天中国的模样。

一所好的学校不仅仅依赖于好的教学制度和优秀的教学资源，更需要具备深厚的历史积淀以及具有凝聚力的人文精

神。如果这所学校的创立是无数仁人志士经过奋斗而建成的，那么这所学校未来的发展一定会充满了希望。

下面我们就来讲两所优秀大学的办学故事。

首先是国立西南联合大学（简称“西南联大”）的建立。卢沟桥事变之后，中国教育史上掀起了一场惊天动地的事件。由当时的国立北京大学、国立清华大学和私立南开大学拨出的一千六百多名师生不远万里，历经千辛万苦来到长沙，在长沙组建了一所临时的大学，让学生继续完成他们的学业。

然而，三个月后长沙战乱动荡，一大批知名的学者和教授又领着学生们辗转来到了昆明，他们把教育事业当成自己毕生的信仰，咬紧牙关，最终创造了伟大的奇迹。

在阴雨连绵的初春时节，两百多名意志坚定的学子，他们“竹杖芒鞋轻胜马”，在湘北泥泞的土地上艰难前行，大雨似乎没有尽头，连着下了好多天，教师和学生们的棉衣湿透了，他们就在营地用火烤干，第二天再穿到身上。

徒步行进中，曾有学生问闻一多，陶渊明当初写的《桃花源记》中的世外桃源说的是不是就是这里。闻一多告诉学生们《桃花源记》只是一个古代的传说故事，并不一定是世界上真实存在的地方，不过在古代这里已经是相当偏远的地方，可是他们要去的地方比这个世外桃源还要远十万八千里！

闻一多不穿军装，也不穿短袄，一路上就穿着一件灰布长衫，于是在长长的队伍里可以看到一个奇特的身影，就是那位

身形颀长，穿着长衫的教书先生——闻一多。

当时同在昆明的梁思成、林徽因夫妇欣然接受了梅贻琦的邀请，为西南联大设计校舍。

他们夫妇二人用了一个多月的时间设计出了一套方案，一个中国一流的现代化大学赫然纸上。但是由于西南联大的经费实在是捉襟见肘，所以这个方案被迫否决了。之后，梁思成夫妇伏案改了一稿又一稿，西南联大原先设计的高楼变成了一座一座矮楼，矮楼又成了平房，连砖墙都变成了土墙。几乎每改一次稿子，林徽因都要流泪一次。

在梁思成夫妇拿出最后一稿时，西南联大的负责人无奈地告诉他们，除了图书馆的屋顶可以使用青瓦，部分教室和校长办公室可以使用铁皮屋顶之外，其他的建筑的屋顶一律只能覆盖茅草，就连最简陋的土坯墙也要降级为黏土打垒，砖头和木料使用还要再削减一半。

此时的梁思成已经接近崩溃，几乎没有办法再改。梅贻琦承诺，等到中国的战争胜利了，一定要再请梁思成来设计一座世界一流的大学校园。

梁思成作为世界闻名的建筑学家，一生设计得最憋屈的建筑就是西南联大这个茅草房的教学楼。

西南联大建成之初，校园里面是一栋栋低矮的茅草房，那时候人们简直不能相信，这是由建筑大师梁思成和他的才女夫人林徽因设计出来的。

可是就是在这样一座座简陋至极的茅草房里面，培养出了一批批西南联大的莘莘学子，他们走向世界的各个角落，成为各个领域顶尖的人才，有的登上了诺贝尔物理学奖的领奖台，有的引爆了中国的第一颗原子弹和氢弹，还有的制造出了中国第一台亿次巨型计算机“银河”，以及第一根单模光纤……

西南联大简陋的茅草校舍，还经常会受到空袭的困扰，漏风、漏雨都是小事，更致命的是可能会遭到爆炸和流弹袭扰，老师和学生的生命常常悬在生死一线之间。

但是，就是在这样艰苦危险的条件之下，西南联大的师生们依然潜心做学问，两耳既闻天下事，一心还读圣贤书。

令人印象非常深刻的是，1938 年，华罗庚毅然从英国剑桥大学进修归来，回到战争纷飞的中国，并且来到距离他故乡千里之外的昆明，来到这个由茅草房盖成的西南联大，在西南联大的数学系任教。

那时候，这个数学天才一家八口一起挤在一间不到 20 平方米的房子里。后来因为实在是挤不下，华罗庚就在昆明郊区租了一个牛圈上用来放草料的楼棚，一家人就住在楼棚里。

这么艰苦的条件是连当地农民都没有办法适应的，可是这位从英国留学回来的数学家却以惊人的毅力坚持下来。他每天要徒步跋涉十几里路去学校教课，再跋涉十几里路回到这简陋的牛棚当中，伏案写他的数学专著和论文，忍受着成群

的蚊子与跳蚤，一遍一遍地在草稿纸上演算着他的数字公式。

华罗庚愣是在这样的条件下坚持了整整 7 年时间！这个天才为世界数学史开创了一门新的学科，仅仅是公开发表的论稿就达到百万字之多。

从三才教育论的角度去分析华罗庚，不难看出华罗庚有着深远的思想，他专心于做学问不仅仅是为了学术能够更进一步，更是为了其他许多和他一样有着求知热情和爱国情怀的学生，也是为了那时候的中国能够尽快从苦难当中走出来。

华罗庚有着隐忍能吃苦的心智，他有毅力且持久，也有着甘于平淡的个性。在建立西南联大的过程中，像华罗庚这样的老师、这样的学生层出不穷、前仆后继，才成就了国立西南联合大学。

西南联大的精神永远地留存了下来，成为现在激励一代又一代教育工作者和学生不断砥砺前行的标杆。

另外一所高校也是非常值得一提的，那就是位于贫困的西北地区的兰州大学。兰州大学创立之初，由于它的地理位置偏远，自然环境条件艰苦，师资力量严重不足。在那个艰难困苦的年代，曾任北京大学副校长的江隆基来到兰州大学，承担起兰州大学建设与教育的重担。

江隆基举家搬迁到兰州大学时正赶上自然灾害，学生老师饿肚子的现象时有发生，江隆基校长就带着那些学生们一边在山上劳动，一边给予他们精神食粮。

学生们饿得不行的时候，江校长就带领着学生围坐在一起，问学生们各是来自于哪个城市，并且让学生给大家讲讲他们城市特色的小吃。

来自陕西的同学讲肉夹馍和凉皮，来自甘肃的同学讲牛肉拉面，来自北京的同学讲卤煮火烧，大家就是这样“画饼充饥”，挺过了最艰难的日子。

江校长把自己的一生都奉献给了兰州大学，自己却在病痛中去世。直到今天，兰州大学的师生们每年都会排演大型话剧《江隆基》，以此来纪念江隆基无私奉献、投身教育的伟大精神，而兰州大学的师生们也在践行着“吾校虽瘦，必肥华夏”的学校精神。

综上所述，未来我们需要的学校是不仅有着优秀的传统文化精神，更具有核心凝聚力和共同价值观的学校，还是适应当代中国社会发展需要、培养社会所需的创造性人才的学校。

## 第四节　未来需要什么样的教师

古代对教师的定义，韩愈在《师说》中是这样阐述的："师者，传道，授业，解惑也。"现代对教师的定义为：一种职业，古已有之，指传授学生知识的人员，有各种教育类型，如语文、数学等。这里突出了教师的主要角色定位是传授知识的人。

三才教育论对教师有新的注解，那就是"教练+老师"。教练是指在训练中进行教学辅导、比赛中进行组织指导的拥有丰富经验的人。教练在运动训练活动中起着主导作用，是运动训练过程的设计者、组织者，是运动员的教育者和指导者。

教练和老师的区别是：教练要对学员进行训练指导，请教练的目的一般是为了参加竞赛，所以教练的指导更具有实战性，而不仅仅是理论知识的传授。我们从小到大其实一直都有竞争的存在，但是却缺少有效提高竞争力的训练。所以，教师应该在传授知识之外，加上对学生的训练指导工作，赋予老师以教练的角色。

那么教师应该如何对学生进行训练指导，训练些什么，又指导些什么呢？

首先，引导学生形成正确的思想。对于学生思想方面的引导，教师一定要给予充分的引导，甚至要胜过对于学生成绩方面的重视。

周恩来总理对启蒙老师高亦吾充满敬仰和尊重，他们之间的交往彰显出深如瀚海、高若泰岱的师生情谊。

高亦吾在校期间精益求精、严谨施教，受到广大师生的尊崇和爱戴。在一年级丁班认识了入校新生周恩来，高先生看他精明睿智、气宇轩昂且少怀壮志，想将来必成为国家栋梁之材。课下他常向周恩来讲述反清灭洋的革命道理，讲述黄花岗七十二烈士的悲壮之举，并将邹容 19 岁时写的《革命军》一书赠送给他，助其树立坚定的反帝反封建的爱国信念。

高先生向周恩来讲解马克思、孙中山等伟人志士的进步思想，使周恩来时时处处受到爱国主义的教育和影响。在高亦吾老师的影响下，周恩来彻底觉悟了，在学校当众剪掉发辫，立志为中华崛起而读书！

1913 年，周恩来南迁天津进入南开中学就读。师生临别之际，高先生寓意深远地为周恩来命字“翔宇”。周恩来则奋笔疾书：“同心努力，前程万里指日登！”署名“翔宇”，表示对恩师的敬重。

高亦吾老师的教导不仅影响了周恩来，也影响了当时大批年少求学的青年人，使得这些青年都形成了良好的思想价值观，并产生了周恩来总理这样的一代伟人，这便是一个好老

师的作用。

另外，教师在给学生传授知识文化的同时，要对青少年的心理和性格给予足够的关注和指导，因为这些对青少年长大成人后在社会中的发展起着至关重要的作用。

以三才教育论来看教师这一职业，作为教书育人、传道授业解惑的特殊角色，教师更需要自身具有“三才”方面的修养。那么一名理想的教师应该具备哪些素养呢？

首先，在“思想”方面，一名教师要具备两个基本的品质：

第一，在实际工作当中，教师要能够切实地以古今中外的优秀教育者为榜样，忠于党的教育事业，做到爱岗、敬业、勤学、以身作则。

第二，教师需要做到“因材施教”，要能够根据学生不同的特点去激发学生身上不同的潜力，挖掘其不同的潜能。这一能力一方面需要教师自身具备敏感的教育天赋，另一方面也需要教育系统对教师进行培养。

相信每一个孩子都是具备一定天赋的，很多孩子的能力没有被充分激发出来、没有被开发到，这很可惜。想要将一个孩子的内在潜力开发出来，教师扮演着重要的角色。所以善于因材施教、发掘孩子的潜力是一名合格的教师所需要具备的重要品质。

曾有教育专家做过这样一个课题研究，找来几个孩子当志愿者，在放假期间对这几个孩子进行小范围的潜力发掘。在

实验中，专家选取了一些比较有代表性的艺术形式，如绘画、音乐、体育、舞蹈、写作，等等，每天让孩子尝试学习并实践一种不同的艺术形式。在所有的艺术形式都学习实践过一遍之后，一半以上的孩子都能够非常快速明确地说出自己最喜欢哪种艺术形式，孩子们最喜欢的艺术形式恰恰也正是他们自己做得最好的、并且得到了老师肯定的那一种。于是，在实验的第一阶段结束之后，专家留下了几个有明确爱好的孩子，把他们分到不同的组去进行为期一周的培训，让孩子们专门去学习这种艺术。

一周活动结束之后，每个小组都有一两个孩子继续坚持自己喜欢的这项活动，剩下的孩子或者因为毅力不够或者意识到原来这门艺术虽然有吸引力，但是想要深入学习是如此困难，便产生了厌倦的态度。专家最终留下了这几个经过了一周的训练，还坚持喜欢这门艺术的孩子们的联系方式，并且在之后的两年进行跟踪调查。调查结果发现即使过去了两三年的时间，当初那些能够坚持自己爱好的孩子，也依旧坚持着自己当时选择，并且有些孩子在这门艺术上已经小有成就了。

这个实验证明了兴趣对一个人学习效果的重要性。如果在教育的过程中，能够让大部分孩子都挖掘到自己的爱好，并且对其进行长期地培养，引导孩子在自己的爱好上有所发挥，我们有理由相信，很多孩子的独特潜力都可能得到发展，从而诞生更多的人才。

另外，在“心智”方面，教师想要培养好学生的心智，首先应该磨炼出自己的心智。那么作为教师，应该具备怎样的心智才是称职的呢？

第一，身为教师，要坚定自己的信念，要具有“乐道”的心态。这个“道”指的是教育之道、育人之道。教师要坚信比起其他的职业，自己教书育人的职业不仅光荣还多了一份责任感和使命感，因为这份职业具有传承精神的使命。教师不仅给青少年传授知识和文化，更是在教导青少年如何树立正确的人生观和价值观，这就需要教师能够真正热爱这份职业，才能把教书育人这份神圣的工作做好。

第二，教师应该具有“谋功”的精神。“谋功”指的并不是谋取功利和利益，这个“谋功”谋求的是人才培养的结果。教师在教育的过程中，一定要追求尽力将每一个孩子都培养成有用的人才。有一些基层的乡村教师，也许他们自身的职称学历和专业奖项不及大城市的老师们，但是他们脚踏实地，诚实肯干，用自己的汗水滋润着一代又一代的孩子，让无数的学生能够获得教育的养分。在未来，我们对教师的衡量标准不应只局限于职称学历，而是要看这名教师能够培育出来的优秀人才的质和量，毕竟教书育人最能体现一名教师的核心价值。

第三，教师还应该做到“尽善”。教师需要在不断地实践和学习过程中去积累新的知识，所谓“授人以鱼，不如授人以渔”，教师在教学的过程中，不仅要传授给学生相应的知识，

还应该传授给学生正确的学习方法与学习途径，而且要注重教学方法，来获得预期的教育效果。有的学生头脑聪明敏捷，他们能够很快地掌握知识要点。有些学生勤奋肯学，可是领悟力不强，并不擅长掌握学习的窍门方法。这时候教师要对不同的学生采取不同的教育方法，使每个学生都能根据自身的学情掌握方法，取得进步。教师要用自己渊博的知识、敏锐的视角、严谨的逻辑思维去感染学生，让学生真正燃起对求学求知的渴望。

同时，学生的进步也是对教师的一种反馈，教师可以从学生的进步当中不断地积累教学经验，以提升自己的教学水平。所以，未来的教师在教学的过程中一定要做到双向完善，一方面通过教学去完善学生的知识与头脑，另一方面也通过学生来完善自己的教学能力。

第四，教师要做到“无私”。“时代楷模”张桂梅的故事感动了很多人，在丽江山区，她多年来坚守在当地教育的第一线，并且自掏腰包帮助山区的孩子们走出贫困，使得无数本来一辈子只能生活在无知和贫穷当中的孩子，能够靠着知识的力量改变命运，走出大山，走向更广阔的人生舞台。

作为教师，要对学生和教育事业有着诲人不倦的无私奉献精神，就像学生们经常用以赞美老师的那句诗：“春蚕到死丝方尽，蜡炬成灰泪始干。”这形容是多么地感人和贴切，教师应该具有“春蚕精神”“蜡烛品格”，要明白教师的工作就

是需要奉献，就像张桂梅老师一样，长期把自己的一切都无私地奉献给教育事业。每一名教师都应该秉持着无私奉献、不断进步、兢兢业业做教育的态度和精神。

第五，教师还应该具有的素养是“豁达”。教师需要拥有豁达的胸襟，用一种发展、进步的眼光去看待学生。学生毕竟在思想、心智和性格方面都不够成熟，犯错误是难免的，教师对学生的要求不能太苛刻、死板，不能过于追求结果。学生做出一些不合适的行为时，教师要做到第一反应不是责怪或生气，而是要发现这个学生出现的问题，要有医务工作者的态度，要“救死扶伤”，致力于找出学生问题根源的所在，并且去治愈他，用豁达的胸襟去包容他。对待那些落后的学生，教师要有足够的耐心，善于发现他们身上的长处与闪光点，用他们的长处和闪光点去激励，帮助他们找到自信，带领他们融入集体。教师还要善于克制自己的情绪，始终以耐心又理智的态度去对待学生，进行教学关怀。

宽容和豁达的品质与人的先天性格有关，也可以通过后天的学习培养出来。它是一名教师所需要具备的个人素养和心理品质，有利于加深学生和老师之间的了解和尊重。

最后，在“性格”方面，每个教师都可以有自己独特的性格。性格有很多不同的种类，比如外向幽默型、含蓄内敛型等等，除了一些极端性格之外并没有优劣之分，不同性格的教师会吸引不同类型的学生。

有的学生比较倾向开朗幽默的教学风格，随时随地能讲段子的教师会让他们很受用；有的学生则更欣赏含蓄内敛的教师，这样让他们更有求知欲。

有的学生需要性格互补的教师，比如开朗好动的学生，会愿意接受一个稳重成熟的教师，给予长辈一般的关怀指导；而有的学生喜欢和自己性格相仿的教师，想要一个能和自己聊得来甚至玩儿得来的大朋友，这样学习起来更有动力。

所以，了解学生的性格特征，能帮助教师在施教过程中取得更好的效果。虽然每个人的性格都不是完全一样的，但是作为教师这个职业，还是需要具备几个重要的性格特性。

第一，教师性格应该保持友善，要做教育教学工作的润滑剂，要给予学生一定的耐心。教师可以严厉，但是严厉并不是不给学生留任何犯错误的空间，要分清情况，懂得适度原则。

要热爱学生，将学生的错误看作是他们进步的机会，多多拓展学生进步的空间，用良好的态度以及合适的方法让学生成长进步。

曾经看过一篇报道，一位优秀的教授分享教学经验，他的学术水平不是特别出众，但是学生们都非常愿意跟着他学习，学习他为人处事的态度和严谨治学的方法。那么他是如何获得学生的青睐的呢？

他分享了一个事例，有一次一个学生因为偷懒不完成作业而灰头土脸地来找他道歉，他既没有温和地直接原谅他，也

没有严厉地批评他，而是以一种非常平静的态度问这个学生现在是否已经有认真完成作业的意愿了。学生回答“是的”，教授却让这个学生先不要动笔，给他两天时间去调整好自己的情绪，两天之后再来反馈。

教授还给了这个学生特权，这两天之内这个学生可以不用来上他的课，也不用做他的作业。两天之后，这个学生回到了课堂，学习和工作的效率反而比原来更高了。教授表面上免掉了这个学生的一些任务，给他放了假，但是这两天调整情绪的时间其实是让学生给自己“充电”的时间。这个学生虽然说在这两天没有做什么实质性的工作，可是他给自己的心理做了一个很好的建设，牺牲了两天的时间却换取之后更高的工作效率，果然在期末考试中这个学生取得了显著的进步。

第二，身为教师应当情绪稳定。无论哪种性格的教师，都应该保持一种稳定的情绪，要有自控性和持久性，并且应该有较强的认同感和共情心理，千万不要把学生的喜怒哀乐都当作幼稚的小事，而一定要用心去体会。要去深入了解学生的情绪波动是浅层次的还是深层次的，不能够视而不见，或者用简单随意的方式处理，大而化小，小而化无，而是要深入他们的心灵与他们沟通，帮他们解决问题。

想要做到以上那些，教师就一定要先做到情绪上的稳定，要善于自控，才能用自己稳定的情绪和力量去影响别人。控制好自己的情绪，处事才能沉稳而不急躁。要懂得自我克制，克

制住自己的不合适的想法和行为，要以身作则，才能让学生感受到榜样的力量。

第三，身为教师还应该具有的性格特征是能够认识自我。一名教师想要很好地去认识自己的学生，其首要前提是要先清楚地认识自我，明白自己是一个怎样性格的人，拥有怎样的教学方法、怎样的性格特点、擅长哪方面的教学，并且认识到自己有哪方面的不足，在教学的过程中既要扬长避短，也要努力改进自己的短处。唯有正确地认识自己，才能够用更加合适的方法去教导学生，并且教会学生如何认清自己。一个能够充分认识自我的教师才是合格的好教师。

有一位颇为知名的数学老师，他的学历背景在教师行业当中并不算是很出众的，但是这位教师的课在学校里却是最受学生们欢迎的。他讲课有一个很大的特点，就是非常善于举例子论述。他举出来的例子生动传神，十分贴切，往往会将那些枯燥的数学公式以及不易理解的数学思维，用一种生活中常见的形式表达出来，学生们在底下总是会发出恍然大悟的惊叹，课堂效果极好，课堂氛围也被调动起来。

这位教师的学历没有许多相同学科的其他教师高，他的专业知识也并不如其他教师丰富，可是他教出的学生之所以成绩一直名列前茅，是因为他善于在这个阶段的教学中寻求一种更好的教学方法。他非常清楚自己的长处在哪，并且善于运用自己的长处，去获得良好的教学效果。

尽管这位教师现在是数学老师，但他小时候的数学成绩其实是最差的。他就是从一个数学的差生逐渐成长起来的，所以他非常清楚那些学不明白数学的学生脑子里面都是怎样想的，他清楚这些学生不理解的关键点在哪，而自己能够用相当生动的例子去给他们讲解出来。一旦这些学生掌握了方法、明白了其中的道理，自然能够举一反三。

这位教师的特长是善于理解那些不开窍的学生的想法，取得的效果反而比那些优等生毕业的数学老师的教学效更好。那些本身成绩优异的教师，小的时候由于自己的天赋始终能够轻松理解难点知识，所以他们不明白成绩较差的学生困难的点在哪，在做教师以后，在进行教学的时候，反而没有这位“差生”老师讲解的思路通透。

第四，教师还应该具备的一个性格应该是注重学习。学习是一件终身大事。庄子曾经说过：“吾生也有涯，其知也无涯。”说的是我们的生命是有限的，但知识是无限的。用有限的生命去追寻无限的知识，其实是一件非常有意思的事情，因为人越学越会感受到知识无穷无尽。

有人曾经形象地将一个人的知识和人生境界比喻成一个圆，你的知识越少你的圆圈就越小，你的圆圈越小圆圈的周长就越小，你接触到的外界社会其实就越小。随着你知识经验的丰富，你的圆也会变大，接触到的空白面积便会越来越大。也就是说人会越学越发现自己的渺小、发现自己的无知，一旦人

将自己的定位放得很低，便开始敬畏世界、敬畏自然，人的心态也会变得平和，变得具有亲和力，逐渐拥有超然的智慧，这种智慧会让学生们更欣赏、更信服。

总结一下，未来教师的角色将不仅仅定位于知识的传授和应试的辅导者，而是应该在学生的思想、心智、性格三个方面都给予精心的培养。要做到这一点，就需要教师自身在三才方面不断完善和提高，才能够更好地完成教书育人的神圣职责。

## 第五节　未来需要什么样的家长

如何做一个合格的家长呢？很多家长现在都有一个误区，那就是在生活上对孩子尽可能地满足，毕竟现在的物质条件有了很大的提高，传统观念又认为“再苦不能苦孩子”，所以基本上家长对孩子的生活要求都是给予最大的甚至是超出预期地满足。在学习上，则对孩子要求非常苛刻，每天布置很多学习任务，无论是语、数、外主课，还是文艺、体育的特长课，都制订了严格的学习计划，父母监督完成，很多家长甚至全程陪读。

这样的做法，实质上使父母在孩子面前塑造了这样的一个形象——“生活上的仆人，学习上的权威”。很多家长对孩子在生活上没有任何要求，不用干家务，饭来张口、衣来伸手，有求必应。

“只要学习好就行了。”；“学习已经很辛苦了，不能让孩子在分心做家务。”；“目前一切以学习为中心，考上大学以后再培养孩子的生活能力。”；“只要学习好，孩子在物质和生活上的要求都应该得到满足。”；“这次考试如果考好了，我就给你买一个你喜欢的手机。”等等。家长中有这样想法的不

在少数。

这样的做法带来两个严重的后果，那就是孩子在生活上的欲望被接近无限地满足，而在学习上被动地接受父母做出的安排。结果是孩子的学习成绩可能由于强化训练，能够在短期内有成效。但是在经过了中考、高考后，来自家长和学校的外部压力消失后，孩子就失去了自我学习的动力和能力。进入大学后，本应进一步深造提高的时候，很多人却选择了放弃勤奋学习，荒疏了学业。因为由外力带来的动因始终不能持久，当外力消失时，孩子会加倍地进行自我补偿，把中学时代缺失的玩乐时间在大学时代补回来，这样的结果是非常令人遗憾的。

另一方面，由于从小在生活上有求必应，孩子在物质上的欲望越来越大，而且接受不了被拒绝。那么成年以后，当父母无法满足自己的物质需要，物质需要也无法由考一个好的成绩从父母处获得的时候，就会造成这个年轻人的物质欲望和经济现实的落差。在这种落差下，由于长期养成的物质欲望被满足的习惯，年轻人会很不适应。这样造成的后果，就是一些年轻人为了钱、为了满足自己的物质需求，而去做一些短期有害的行为。我们的成人社会并不是完美的，有很多诱惑、不良因素存在，这个是无法完全杜绝的。很多情况下，都只能靠我们的自我约束、自我防范，而不能寄希望于社会像中小学校园一样纯净无害。

那我们家长应该怎么做呢？我们的正确做法是：在生活

上对孩子严格要求，形成对孩子的权威角色；在学习上，要以给孩子建议帮助为主，成为孩子学习的助教和伙伴。

打一个比方：如果我们要栽种一棵小树苗，会怎么做呢？我们一般会用几根木条在小树的树干旁边搭起一个架子，来支撑小树的树干，以防止刮风下雨把小树摧毁。同时我们会定期给小树浇水、施肥。另外，在小树成长的过程中，我们还会修枝剪叶，让小树能够尽量生长得又高又直。

教育孩子的过程跟培育小树苗的过程非常相似。家长对孩子生活上的照顾，就如同对小树苗的树干和树枝的培育，需要给他加固、约束，并且经常修剪长歪的枝杈，使得小树苗能够向我们期望的方向生长得又高又直。而对于孩子学习上的培养，就如同我们对小树苗埋在地下的根茎的滋养，我们只需要定期给土壤浇水、施肥，使得这片土壤充满养分，适合小树苗的生长，而并不需要约束它的生长方向，它可以自由地在土壤里吸取养分，自由地向各个方向伸展，直到形成属于自己的根茎体系，能够长久地供给树干养分。

家长在生活上约束孩子的欲望，从长期看对孩子的成长是非常重要的。如果一个人的物质欲望太强烈，就很容易形成攀比的心理。当一个人的经济实力远远小于欲望，而又不幸染上攀比的心理病时，那么他便与悠然自得的生活越来越远了，幸福感也会大大降低。

举一个现实生活中的例子：有一对年轻夫妇，他们在北

京有车有房，房还是最贵的学区房，夫妻俩一年收入也有几十万，若知足地生活下去，本该是幸福的一家人。可是自从有了孩子以后，由于孩子的母亲攀比心理严重，从此生活轨迹便发展成了另一个模样。孩子刚到上幼儿园的年纪，她已经开始焦虑孩子的前程，担忧读不起贵族学校、上不了一等一的培训班。跟她老公那些富二代同事的孩子比起来，她觉得自己孩子的起跑线就差了一大截，将来孩子的前途算是无望了。钻进这个牛角尖后，孩子的母亲就越想越悲观，时不时以泪洗面，对老公经常咆哮抱怨。

在这个事例中，虽然攀比的主角是成年人，攀比的内容是子女教育，但是这个攀比心理的形成与小时候的家庭教育有很大关系。如果从三才教育论来看，那无疑是心智不成熟、心智素质差的表现。

小时候看到别的小朋友的玩具喜欢，就要家长去买；看到别的同学穿的运动鞋好看，就要家长去买；看到别的孩子去迪斯尼乐园玩，就要家长带自己也去玩，等等。很多家长在这些事情上都不太在意，大多都会满足孩子的要求，觉得经济能力也负担得起，让孩子开心是件挺好的事情。然而这种对孩子的物质要求有求必应的做法，会培养孩子的攀比心理，也助长了孩子对欲望的渴求。

能够控制自己欲望的人，才能称为一个成熟的成年人。对于这种品质的培养，家庭教育是至关重要的，家长起到决定

性的作用，因为大多数情况下，在孩子未成年的时候家长是他各种欲望需求的唯一满足者。我们要学会对孩子的要求说不，无论是不合理的，还是貌似合理的要求。

一个刚上小学的孩子经常玩手机游戏，别人劝这个孩子的家长说这么小的孩子玩手机游戏不太好。孩子母亲说原先他们也是不让孩子玩手机游戏的，但是后来孩子告诉她，学校里其他同学都玩手机游戏，如果他不玩，就跟其他同学没有话题、没有共同语言了。于是他们只好同意孩子玩手机游戏了，只是给限制了时间和游戏的种类。

咱们先不把青少年是否应该玩手机游戏作讨论重点，只是分析一下孩子想玩手机游戏的理由，是为了和其他玩手机游戏的孩子有话题，或者说是为了可以和玩手机游戏的孩子做朋友。在这种情况下，父母的妥协实际上开了一个不好的头，那就是已经决定了的事情，因为外界的影响而进行了改变和妥协。这个外界的影响其实在我们的生活环境中是时刻存在的，会伴随我们的一生，像我们前面提到的想让孩子上贵族学校的年轻夫妇，正是受到了外界影响。当我们决定去做一件事之前，要经过充分地分析和判断，一旦认定是正确的事而决定去做的话，就要克服外界的影响，坚持到底。能否克服外界的影响，其实也是三才教育论中“心智”的能力体现。

另外一个例子：一位企业家的女儿，因为家境富裕，从小到大就不需要为任何事操心，家里都给她安排好了一切。普通

人所焦虑和奋斗的目标，在她这里都可以轻易实现。大学毕业后家里给她安排好了一家薪资待遇不错的事业单位，工作不累、收入不低，还不用朝九晚五。为了上班方便，家人带着她在上班的单位附近找房子，结果看上了两套住房，由于纠结不下哪一套更好，不差钱的家长决定两套房都买下。到了恋爱结婚的年纪，家里帮她介绍了一个对象，小伙子工作稳定，长相也不错。据说这个小伙子非常抢手，很多家庭条件很好的姑娘都看上他，希望跟他谈恋爱，最后小伙子选中了这个女儿。这个姑娘的生活被家人安排得面面俱到，体现出父母对子女的关爱，想让自己的孩子一生都过得无忧无虑。但是这个姑娘却过得并不开心，因为生活中没有什么是需要自己努力而去得到的，反而有轻度的抑郁。

这类例子在生活中并不少见，尤其是在一些经济条件优越的家庭。如果从教育的角度看，这个姑娘在教育中缺失的是责任感的培养。而责任感的具备，需要思想、心智、性格都有很高的素质能力。换句话说，缺乏责任感的人，在思想、心智、性格三个方面的能力都不是很高，在社会上也不具有竞争力。这样的年轻人可能会生活优渥，但那是得益于上一辈家人给予的物质和资源。他们这一代很大概率是不会发扬光大的，他们基本是享受上一辈的成果。所以中国有“富不过三代”的现象，正是教育上缺失的原因。

现在的社会主力军是独生子女的一代，独生子女是幸运

的一代，也是不幸的一代。幸运是因为独生子女往往是家庭的核心，可以享受到更多的感情资源和物质资源，无论是从家人的感情关注度上，还是家庭所能够提供的物质条件上，都实现了利益最大化。不幸是因为世间万物的规律是有得必有失，很多独生子女因为家庭长辈过度溺爱导致性格上有缺陷，并且存在着因缺乏同辈兄弟姐妹的成长陪伴而不懂得分享、过于自私等现象。

“养不教，父之过”，这是出自《三字经》中的名言，反映出我国古代就有这样的认识：想培育好一个孩子，其父母有着不可推卸的责任，承担着难以替代的重要角色。

从三才教育论的角度去分析如何做一个合格的家长，我们依然需要从思想、心智和性格三个方面入手。

在我国古代就有“孟母三迁”的故事，说的是孟子的母亲因为害怕邻居的不当言行影响到孟子，所以曾经带着孟子多次搬离原来的住所，直到遇到德行高尚的邻居才在这里定居下来。

一个邻居的影响尚且被如此重视，那么与孩子朝夕相处的父母对孩子的影响便可想而知了。正是因为孟子母亲对于孩子的思想教育如此慎重，才能够培养出孟子这样的圣贤。

在孩子的成长过程中，占据成长时间最多的还是家庭教育，所以陪伴孩子成长的家长便是孩子行为的首要模仿对象，家长的一言一行以及对一些事物的看法，会在孩子的成长中

起到不可小觑的作用。

除了家长以外，家庭当中一些其他人的言行举止也会对孩子有着一定程度的影响，父母对于别人行为的评价也会被孩子看在眼里，并且在潜移默化当中被孩子纳入自己的行为体系。

实际上对自己的原生家庭不满意的人可以分成两种：一种是反对自己父母的行为，并且跟他们变成截然相反的人；另外一种则是反对父母的行为，却不可避免地跟他们成了同一类人。

第一种人应该算是受家庭影响较小的一部分人，这类人多数具有独立的思想，在后天的教育中，能够从其他亲人、朋友还有学校、老师那里获得成长所需的教育和培养，在思想和行为上都形成自己独特的个性，与原生家庭截然不同。

第二种人受原生家庭的影响较大，哪怕他们自己没有意识到，就好像古话所说的，“入鲍鱼之肆，久而不闻其臭”。虽然他们不认同父母的一些思想和行为，长大后却不知不觉活成了父母的样子，这就是家庭影响的重要性。

原生家庭带来的正面影响一定会给孩子带来积极、向上、健康的作用，而原生家庭带来的负面影响却不一定是能够治愈的。我们不能抱有侥幸心理，家长一定要更加努力经营好自己的家庭生活，给孩子的成长创造一个好的环境。

作为父母，如果想让自己的孩子健康成长，千万不要认为

交给学校就可以了，家庭教育对青少年至关重要。而作为家庭教育的主体，父母自身的教养和素质、习惯和爱好、人生观和价值观都会对孩子产生很大的影响。所谓言传不如身教，父母只有自己在思想、心智、性格方面都能完善自我，孩子才会有一个良好的成长环境，才会在教育上有事半功倍的效果，因为榜样就在他们的身边，这种感染力和影响力是外界的教育所无法比拟的。

## 第六节　三才教育对青少年教育的意义

前面阐述过三才教育论的基本理念，那么对于青少年来说，三才教育的意义又何在呢?

对于青少年来说，三才方面的教育和培养是更加重要的，可以说宜早不宜迟。三才教育对青少年的意义至少体现在以下三点：

第一，对青少年在思想、心智、性格上的培养和教育其实一直都有，无论是学校里的思政课，还是家庭教育里父母对孩子生活习惯、待人接物的教导，或者社会上为青少年开设的少年宫、博物馆、培训班等都是有这方面的功效的，只是没有系统化、科学化的做针对性的培养。三才教育是把三才的重要性提高到教育的一个新高度，把三才作为教育的核心和根本，只要我们抓住这一本质，就会解决很多教育上的问题，得到理想的效果。

第二，施教者的素质和能力的水平对教育质量起着至关重要的作用。“让最优秀的人去培养更优秀的人”已经得到越来越多的共识。作为青少年成长教育的施教主体，包括教师、家长、学校等，如何能保证这些教育者具备该有的素质和能

力，如何评估这些施教者自身的素养和道德水平，三才教育的实施给出了一个解决方案。三才教育适用于教育的每个施教主体，无论是教师、家长，还是学校，都可以推广三才教育。三才教育提倡自我修为和成长，无论从事什么职业的家长、执教什么学科的教师，都可以通过三才教育的自我修为，提高自己的综合素质和能力，施教者拥有较高的综合素养，也就保证了青少年能有一个积极正面的成长环境。

第三，三才教育就像我们身体所需的维生素、微量元素等，虽然看不到而且每天的摄入量不多，但是对我们的身体健康却是至关重要的。如果摄入量不足，或者摄入量不科学，又或是与我们的身体需要不匹配，就会出现问题，甚至出现严重的疾病。而维生素、微量元素的缺失短期内是不容易看到影响的，日积月累之下，对我们的负面影响就会显现，如果不予以重视，就会恶化我们的健康，造成疾病甚至死亡。

当我们的教育过度专注于知识的传授，而忽视了思想、心智、性格的全面培养时，实际上就像我们的身体出现了整体失衡的情况。当外界环境产生变化，“邪气”入侵的时候，我们的身体就会被疾病所击倒。

我们都知道，定期体检对保持身体健康是至关重要的。它可以及时发现我们身体的健康隐患，在健康出问题的早期进行及时医治和调理，使身体恢复健康，可以避免健康问题的长期潜伏，从而避免恶化的后果。

从教育方面看，我们平时对思想、心智、性格方面的状态明显没有做到及时地了解和掌握，更不用说去积极地调整和改善。这三个方面如果出现了问题，却会对我们的自身和社会产生很大的负面影响，所以必须引起我们的高度重视。

每一个孩子的成长之路都会遇到很多导师，三才教育就是其中之一。我们前面论述过，在孩子的成长过程中，像我们的身体，都不可避免会遇到生病的时候。身体生病了怎么办？我们会去看医生，医生会进行病情诊断，根据病情开药。对症下药以后，我们的身体经过一段时间的调理，就会恢复到整体平衡的状态，也就是恢复到健康的状态。

那么当孩子的“大脑”生病了，或者说孩子的思想、心智、性格生病了，出现整体失衡的情况，怎么办呢？

很不幸的是，当这种情况出现时，很多时候家长是没有察觉到的，问题被忽视掉了。我们更多地关注孩子的学习成绩，关心孩子的营养健康。

当孩子的思想、心智、性格这三才出现了问题，家长、老师却浑然不觉，只是一味舍本逐末地关注学习成绩等表象，这就形成本末倒置，自然会产生很多问题。

近年来中小学生因为承受压力过大而产生自我伤害的案件越来越多，甚至有的不仅伤害自己，还会伤害周围的同学、老师，这是非常让人痛心的，必须引起全社会的高度重视。

那么，未来的教育，应该如何让青少年更加健康、更加全

面地成长，在思想、心智、性格等方面都得到科学的培养和训练，并且在一些孩子出现了三才方面的问题时，能够及早发现，并且及时调整，恢复三才的健康呢？

可以从以下三个方面着手去做：

第一，建立一套"三才指数"体系，通过教育学专家、儿童心理学专家、社会学专家等专业人士的共同研究，建立起一套可以反映一个人"三才"状态的"三才指数"体系，来科学地评估一个人真实的三才状况，以资参考。"三才指数"就好比我们体检时候测量的血压值、血糖值、肺活量等数据，只要在一个健康的区间就没问题，过高或过低都不好，都要引起我们的重视，并进行相应的调理。

第二，定期对青少年进行"三才"的"体检"，通过设置一些科学的活动、课程、沟通、问卷调查等形式，并运用大数据技术进行分析，了解青少年的三才状况，对青少年的三才状况进行科学评估，得到"三才指数报告"。如果说我们的身体需要定期体检来保证对身体健康状况的了解和对疾病的预防，那么对我们的人生至关重要的三个方面——思想、心智、性格，也需要得到关注和定期检视。

第三，建立丰富的三才资源库，包括三才教育的书籍、课程、活动等。培养具备三才教育论理念的高素质教师团队，与相关的心理学专家、社会学专家、营养学专家等团队共同合作，为青少年提供服务。教育的成功离不开高素质的教育人

才，只有把各方面优秀的教育专家整合起来，才能够丰富完善三才教育这一理论，达到育人成才的理想效果。

青少年是国家的未来，对青少年素质教育进行系统化的建设是非常有必要的，它对青少年的健康成长起到规范、引导、以及保障的作用。把三才教育理论应用到青少年的素质教育上，关注他们在思想、心智、性格三个方面的成长和变化，进行科学而系统的辅导和培养，一定会全面提高青少年的综合素质和能力，培育出更多栋梁之才，促进国家的发展和社会的进步。

# 第四章 三才教育论对成年人的意义

经过前面的论述，我们知道了三才教育论对青少年的成长有重要的意义，那么三才教育论是否只适用于青少年学生的教育指导呢？事实上并非如此，三才教育论不仅对于未成年人具有辅助成长的意义，对于成年人也是大有裨益的。

三才就是思想、心智和性格三个方面的才能，当青少年毕业离开校园的时候，三才方面已经有一定的能力积累。但是人的思想、心智与性格是会时刻发生变化的，尤其对于成年人来说，在步入社会之后，经历会比学生时代要丰富许多，再加上现实的多变，许多突发事件都会接踵而至，难免会对以往的思想、心智和性格造成影响。

这时候成年人也需要进行三才教育的引导，三才教育是终身教育，只有一生不断地用三才教育的规范去修正自己的天、地、人，即思想、心智、性格三才，才能够确保自己一直在人生的正轨上行进，也才能够成为一个对于社会有所贡献的良好公民，进一步才有可能更好地培养下一代成为一名优秀的人才。

# 第一节 三才教育能增加幸福指数

青少年走出学校后，步入社会，就进入了成年人的世界。成年人的世界有一个更加复杂和高度竞争的生存环境，非相对单纯的校园环境可比。有的时候我们看到在学校里表现优异的优等生甚至学霸，进入社会工作后却泯然众人矣。这就是因为所处的环境变了，评价和衡量一个人的标准也随之变了，不再是学校里单一的考试成绩的衡量，而是对一个人的综合素质和能力的考验和比较。

相比较儿童和少年时期，成年人的欲望更多，想得到的更多。然而，就像一句俗语说的“人生不如意事，十之八九”，事实上一个人大部分的愿望都实现不了。当不如意、不满足、不成功的事情多了以后，就会对一个人的三才方面不断地产生冲击，影响他三才方面的健康和平衡。如果三才方面被这些外在的负面因素影响后产生崩塌，那么这个人的生活质量、幸福感都会降低，严重时还会出现其他的问题。

成年人的世界里，不仅有诚实、善良、热情、美丽、忠诚、友好、关怀、帮助等好的元素，也会有欺骗、奸诈、冷漠、丑陋、背叛、敌意、疏远、伤害等坏的元素，我们无法保证不会遇

到这些负面的人或者事，所以三才的培养和修为对成年人来说就格外重要。

现在人们常提到幸福感，幸福指数高是生活幸福与否的一个标准，也是人们追求向往的生活状态，但是幸福指数高并不等同于生活无忧无虑。解放战争时期的毛泽东、周恩来等伟人，带领红军爬雪山、过草地，在枪林弹雨中战斗，但是因为他们心中有理想，革命有目标，对未来充满信心和必胜的信念，团结爱护群众，得到人民群众的拥护和爱戴，所以他们感觉到生活无比地充实和有意义，感觉到人生投入伟大的解放中国的革命斗争中是无比幸福的。生活环境的恶劣，斗争的危险和残酷，与心中的信念比起来都是无足轻重的，他们无所畏惧，生活的每一天都是充满热情、充满希望的，你能说这样的人生是不幸福的吗？正是因为他们拥有三才方面的卓越能力，可以克服和改善外界的恶劣环境，将不利条件转化为有利条件，不断积蓄能量，最终实现了伟大的胜利，解放了全中国。

现如今生活水平和物质条件无疑比那些革命先辈的时代要优越得多，我们在一个安宁的社会环境下生活，社会稳定，治安良好，人们可以在夜晚出去逛街会友而不用担心人身安全问题。要知道即使在当今的世界，像中国这样提供给国民如此安全稳定的社会环境，也是难能可贵的。另外中国解决了十四亿人民的温饱问题，这是一个伟大的成就，在人类历史上绝无仅有。哪怕是一个普通人，也不用担心饥饿问题，世界上

很多国家还远没有实现这个目标。

可是在我们的生活中依然有一些人幸福感很低，对生活充满了焦虑甚至怨气。不管他们住着什么样的房子、开着什么样的车子，总是不满意、不快乐。这些人的幸福指数低，其实跟个人的物质条件关系并不大，所谓比上不足、比下有余，他们并不是因为生活贫困而觉得不幸福，而是有各种心理问题。

从三才教育论的角度看，一个人的三才方面修养低，他的幸福感大多不高，也可以说三才指数跟幸福指数是成正比的。这里需要强调，三才修养高的人不一定就是社会上的成功人士，拥有很高的物质条件。相反一个普通人，也可以有很好的三才修为，把自己的生活过得平凡而不平庸，其乐融融。一个人三才的修养高、能力高，可以使人真正做到“穷则独善其身，达则兼济天下”，这样的人是最有幸福感的。

## 第二节　三才教育能带来发展机会

前面我们讲过，青少年步入社会后，评估其优秀与否，不再是学校里单一的成绩单，而是他的综合素质和能力。如果一个人的综合素质和能力高，哪怕他的知识水平不是特别高，也是可以后天弥补的，也会创造属于自己的发展机会。反之，如果仅仅知识丰富，其他方面的素质和能力欠缺，在社会中却有可能发展遇阻。下面我们就以一个事例来说明。

某企业家曾经讲述过他在管理自己公司时候的一件事情。在该企业家认定的最有培养价值的员工当中，有一位名校毕业的高才生，以下代称“杨康”。此人工作一直较为出色。有一天该企业家将杨康叫到办公室，交给他一个重任，要求他在一个月内在某省搭建10个重要的客户关系。

杨康认真思考后认为自己不能承担这一重任，便推掉了这个工作任务，老板便将这项工作交给了另外一名不算太出众的员工，以下代称“郭靖”。这位资质平平却勤勤恳恳的员工虽然犹豫，最后应承下来并通过努力完成了大半的任务。最后郭靖获得了去香港进修学习的机会，这意味着回来之后能够很快会迎来升迁。

拒绝了这一任务的杨康心中不服，去找老板理论。老板认真地告诉他："当初给你派的任务确实有难度，公司也没指望你能圆满完成，但是你却退缩了，可见你不是一个敢于承受压力的人。而接受挑战的郭靖，虽然没有圆满完成任务，他却与7家客户建立了关系，这比我预想的5个要好得多，我非常满意。"

从三才教育论来分析一下这个案例。

杨康应该一直是学校的优等生，在知识文化方面以及在工作能力上都是优于大多数人的。杨康在接到老板的任务时，在他的思想层面，应该是进行了一番计算和评估，他认为这是一个不可能完成的任务。那么他的判断是，如果接受了这个注定要失败的任务，会对他个人的声誉造成负面影响，接受这个任务损失大于收获，所以拒绝是最好的选择。

而郭靖在接到这个任务的时候，是这样思考的：作为员工，首先要服从领导的命令，这个任务虽然很艰巨，但是领导的安排是为了公司的发展目标，我一定要尽力去完成。所以在"思想"这个维度，两个人的出发点和思考轨迹是截然不同的，可以说从思想上就分出了高下。

这件事情之后，杨康因为自己的进修升迁之路遇到挫折，他的心态出现了失衡，受不了这种打击和失落。而他性格中要强好胜的一面，让他无法承受在同事面前丢面子，所以最终选择了离开。由于心智和性格的不够强大，他失去了在这家公司

的发展机会。

反观郭靖，他同时具备心智和性格的强大能力。首先说心智方面，在平时的工作中耐得住寂寞，勤勤恳恳，不虚荣不浮夸，这样平和的心态就是一种超强心智能力的表现。而在接受了富有挑战性的任务后，专注和全力以赴的性格作风，又使得他给老板交出了一份超出预期的答卷。所以最终他赢得了一次发展机遇。

我们常常会听到身边的一些人感叹没有抓住什么样的机会，或者谈论某某人能力一般却是如何走运、获得成功，其实他们不知道机遇的掌握和一个人的三才能力是息息相关的。

一个人要成功，离不开天时、地利、人和，可以说这是万物宇宙的“三才”，我们称之为“大三才”。而我们每个人的“天、地、人”，分别是我们的“思想、心智、性格”，可以说这是我们个人的“小三才”。当个人的“小三才”与外部环境的“大三才”产生共振与契合的时候，就是个人的发展机遇来临的时候。当外部世界的天时、地利、人和都具备的时候，也就是出现时代发展机遇的时候，只有个人三才能力高的人，才能够抓住机遇，用自身的小三才撬动外部世界的大三才，从而产生出巨大的能量，成就一番事业。

中国在过去几十年的快速发展期就是如此，各行各业都有很多的发展机会，此时的中国就具备大三才的外部环境。可是最终在各行业中抓住机遇的只是少数人，大部分人虽然也

生活在同样的时代、同样的国家，享有同样的社会环境，但是要么根本没有看到机遇，要么就是虽然看到了机遇，却由于种种原因没有掌握好机遇，取得成功。用三才教育论来看，这中间的区别和差距，就是人的自身三才的差距。

当一个人的思想能力强，具备独立思考、敏锐的判断能力的时候，才会发现时代的机遇。思想上能力的差距，使得很多人没有洞察到时代赋予的机会，与外部世界的大三才失之交臂。

心智和性格能力的差别，又淘汰了一大部分人。这些人虽然也看到了时代的机遇，但是他们要么只空有想法，因为种种原因未能付诸行动；要么投入时代机遇的大潮后，由于能力不足而被竞争淘汰下来。

我们常听到这样一句话“机会只留给准备好的人”，这是不无道理的。这个准备好，其实最重要的就是个人三才能力的准备。例如，姜子牙 70 岁出山，80 岁当丞相，可以说一生都在为机遇做准备。他所准备的不是物质基础、人脉关系等，而是个人三才的修养和能力，所以在如此高龄仍然能够建功立业。所以说三才的能力对我们的事业发展会有着巨大的影响。

## 第三节 三才教育对婚姻和择偶的帮助

三才素养高可以对我们选择配偶和经营婚姻有帮助，这个说法可能会让人觉得有些牵强。但是试想一下，三才素养体现的就是一个人的综合素质和综合能力，这样的人不也正是在婚姻和择偶方面，我们想要选择的理想人选吗？

很多年轻人在谈恋爱的时候，大多是关注对方的学历、长相、工作、家庭等硬件条件，也会看对方的脾气秉性，对自己是否照顾有加等软性条件，对于其他内在的素质和品格，则没有认真地考虑过，或者说不是很在意。

事实上，一个人的三才修养和能力对婚姻生活的影响是很大的。一个人的三才修为高，最起码可以做到修身、齐家。这个修身就是指自我修养，严于律己；这个齐家就是指家庭和睦，家人幸福。如果你选择的配偶三才修养高，那么你至少得到了一个好丈夫或者好妻子。如果运气好，配偶的三才修养超过常人，还能够成就一番事业，做到治国、平天下，那么作为配偶的另一方就更能够感觉到幸福和成就了。

然而现实中，我们看到这样一些事例，一些人因情所困，为爱所伤，在恋爱或婚姻中遭遇出轨、背叛、欺骗，甚至家暴，

遭到身心伤害，这些不幸的发生都和当初的选择不当有很大关系。从三才教育论来看，有这些恶劣行为的人，他们在思想、心智、性格方面都是有很大问题和缺陷的，也就是说他们的三才修养都是很差的。

在择偶的时候，如果我们能关注对方在三才方面的素养，会大大提高自己未来家庭生活幸福的概率。如果是已经走进婚姻的人，在经营婚姻中同样会遇到各种难题和挑战，如果处理不好时间长了就会影响婚姻的稳定和质量，像“七年之痒”“婚姻是爱情的坟墓”等说法都是这种情况的写照。

要经营好自己的婚姻，运用三才教育论提升自我修养是很好的方法。夫妻双方共同提高自身的三才修养，就会在思想上有共识、心智上有默契、性格上有和谐，从而能有很多共同语言，能够互相包容，婚姻生活自然就会幸福满满。

# 第四节 三才教育能使人生少走弯路

我们无法选择自己的父母，无法选择自己的出身环境。有很多人羡慕富有家庭的子女，觉得他们是含着金汤匙出生的，一出生就拥有了很多东西，而这些他们唾手可得的东西，是普通人奋斗一生可能都得不到的。

其实这种想法大可不必，老天爷对待每个人虽然无法做到绝对公平，却也能做到相对公平，至少给每个人的时间是基本公平的，只要运用得当、运用得法，就可以得到我们能掌控的幸福。三才教育论就能够帮助我们实现这个目标。君不见，有些人从一出生就占据了大好的资源，却没有利用好自己的优势，肆意挥霍，最后落得穷途末路。

如果把人的一生比作一场牌局，有的人一开始抓了一手好牌，但是他却不懂珍惜、不会运用，最后把一手好牌打得稀烂。有的人虽然一开始抓了一手烂牌，却能够潜心经营，耐心积累，最后把这手牌打得很漂亮、很精彩。所以，我们没有必要羡慕嫉妒那些抓得一手好牌的人，因为那也不会属于你。你只需要认真研究自己的一手牌，把自己的人生这副牌打得精彩，打得有价值，就一定会收获你的幸福。三才教育论就是帮

助每一个人，无论你天生抓得一手好牌还是烂牌，都能打出一手好牌，都能把自己的人生过得精彩，过得有意义，过得幸福。

对于条件优越的人，人生更是可以过得比常人更精彩，为社会创造更大的价值。因为对他们来说，物质的享受已经很早就满足了，那么追求精神上的成就、在更高层次上成就自己，就是一种应然的选择，否则就是浪费了老天的眷顾。三才教育论可以使他们在思想、心智、性格这三方面的修养和能力得到提高，从而避免走弯路、走错路，让他们在一个高的起点上，能够更进一步，为社会做更多贡献，得到更大的收获。

# 第五章 三才教育论对企业的意义

企业是从事生产、贸易、运输等经济活动的组织机构，它一般由各种不同专业和技能的人员所组成。

一个企业类似于一个大家庭，所不同的是企业不是由血缘关系联系在一起，而是由一定的精神目标、经济利益等要素联系组合在一起的。

企业的发展离不开人的因素，高素质的人才对企业至关重要。三才教育论不仅适用于个人和家庭，同样适用于企业，对企业的发展有着独特的意义。

# 第一节　三才教育与企业文化

一个企业最重要的软实力是企业文化，现在企业都很重视企业文化，但是究竟什么才是好的企业文化、适合自己企业的企业文化，恐怕是每个企业面临的难题。

现在社会上不乏“狼性文化”“金钱文化”等这样直接以利益和业绩为唯一目标的企业文化。这样的企业文化可能在短期、初期能够给企业发展带来一定的效果，但是长远地看却是弊大于利，无法使企业走得长远，走得平稳。

那么什么样的企业文化是最符合社会需要、也最适合企业发展的呢？下面我们讲一个任正非与都匀一中校训的故事，来体会一下企业文化的意义。

企业家任正非的母校都匀一中，是一所位于贵州的百年老校，它的创建历史可以追溯到嘉靖年间，有着非常丰厚的文化底蕴，而且与任正非的渊源颇深，任正非的父亲曾在这所学校担任过校长。由于任正非现在已经是非常成功的知名企业家，所以都匀一中的现任校长希望任正非能予以这所老校捐款支持。

任正非答应了捐款，他问校长都匀一中现在的校训是什

么，现任的校长却答不上来。任正非认真严肃地告诉校长，一定要把校训搞清楚，要把为什么办学校、怎么样办学校、办成什么样的学校搞清楚。

校长一时为难了起来，因为以前没人想过这个事。见到校长如此为难，任正非便告诉校长如果实在说不清楚现在这所学校的校训，那也没有关系，任正非愿意为都匀一中写校训，如果学生和老师们都认可，那么以后就这样用。在得到校长的同意之后，任正非特意邀请了各界名流来集思广益，有中关村的老领导，有教育部的，有党工委的，有知名企业家，还有文化学者等。最后敲定下来都匀一中的校训是“立志、崇实、担当”。

如果我们从三才教育论的角度来分析任正非为都匀一中求得的校训，会发现它与三才教育论的理念高度吻合。

首先看“立志”，它就是三才教育所包含的思想方面的品质。试想心中有志向、立长志，这不就是强调人们要有思想上的远大抱负吗？志向是经过独立思考、实践感受而做出的长期追求的目标，这需要人们在思想层面上有着很高的修养和能力。

再来看“崇实”，所谓崇实，就是实事求是的意思。做人实事求是，不虚荣，不造作，脚踏实地，这不就是心智方面的素养吗？这条校训就是勉励学生要有抵制诱惑、克制虚荣的心理能力，所以这一条和心智是高度吻合的。

最后来看“担当”，这一条是和性格相一致的。做人有担当，就是敢做敢为，敢闯敢干，有责任感，勇于承担责任，这不就是一个人在性格上的优秀品质吗？

一个学校的校训是这所学校的灵魂，体现了学校的办校宗旨和教学特色，也可以说就是这所学校的企业文化。从这个校训可以看出，任正非所倡导的办学理念与三才教育论是高度吻合的。

那么回到企业文化上来，什么样的企业文化是最适合企业的并没有一定之规，就像每个人一样都是千差万别的，也不需要千人一面，有自己的特色是更好的。只是我们的企业文化有一点应该是大致相同的，那就是企业文化要有利于企业创造价值、造福社会，在这个方向上形成具有自身特色的企业文化就是非常好的。

## 第二节　三才教育与人才选拔

在一个企业里，人才的重要性，恐怕是没有人能够否认的。那么什么样的人是企业最需要的人才？如何识别和重用恰当的人才，就成了每个企业面临的重要课题。

什么样的人能够委以重任，不管遇到顺境和逆境，都能带领企业生存和发展，并做大做强？这个评判和识别的标准是什么呢？老话说“兵熊熊一个，将熊熊一窝”“将帅无能，累死三军”，说的就是领导人对一支军队、一个企业、一个组织机构的重要性。

领导人的选拔任用，或者说企业管理层的选拔任用，对一家企业至关重要。选好了人，则事半功倍；选不好，则事倍功半，甚至直接导致企业的损失甚至消亡。现在企业里任用管理人才，经常看重的是一个人的工作经验和学历背景，而忽略了这个候选人内在的素质。一个人在三才方面的修为，其实更能够体现一个人的综合素质和能力。过往的工作经验和学历更多的是体现这个人在专业上的积累，也就是思想中的知识这部分的水平，对于其他方面的能力和素养无法完全展现。

《孟子·告子下》中有着经典的语句："故天将降大任于是人也，必先苦其心志，劳其筋骨，饿其体肤，空乏其身，行拂乱其所为，所以动心忍性，曾益其所不能。"意思就是说上天要把重任降临在某人的身上，一定先要使他心意苦恼，筋骨劳累，使他忍饥挨饿，身体空虚乏力，使他做的事颠倒错乱，总不如意，这样来激励他的心志，使他性情坚忍，增加他所不具备的能力。从三才教育论来看，这就是对一个人的"三才"即"思想、心智、性格"的一种磨砺和锻炼，使得这个人在三才上的修为能够得以大幅提高，才能够胜任更重要的工作。

所以看古代的先贤就知道：担当重任的人，需要具备远超常人的素养和能力。三才教育就是赋予我们这种素养和能量的理论方法。

在当代社会，华为公司的成功也深刻诠释了人才的重要意义。公司创始人任正非将华为的员工划分为三个主要的档次：普通劳动者、一般奋斗者和有价值的奋斗者，并且给予这三个不同档次的员工以完全不同的薪资待遇，可谓是躬亲力行地诠释了按劳分配的原则和对人才的尊重。

在企业选拔人才的时候，从三才的角度去审视和评估候选人的综合素质，能够给企业提供更加科学和准确的参考要素，有利于企业选拔出最合适的人才，也避免真正优秀的人才被埋没。

# 第三节　三才教育与团队建设

随着社会的迅猛发展，团队合作精神成为推动企业发展不可或缺的关键。团队建设的重要性，在一个组织或部门中体现得更为显著。人们常说“人心齐，泰山移”，如果一个领导者，能够把各成员凝聚在一起，使得团队成员很好地相处与沟通，并且让每个人都能够充分发挥特长，大家都有着团队荣誉感和使命感，那么这个团队在做事时就会有事半功倍的效果，可以使企业更加良好地向前发展。

一个有团队精神的企业，才能够做到“心往一处想，劲往一处使”，使人员生产力产生“1+1>2”的效果。拥有团队精神的员工，可以给企业带来诸多好处：

1. 通过团队合作，提高企业的生产力。

2. 员工更有归属感，提高企业的凝聚力。

3. 员工积极性和工作效率更高，使企业更有创造力。

4. 遇到困难更团结，提高企业的整体抗压能力。

既然团队精神如此重要，该如何打造企业团队、进行团队建设，使团队成为一支品质作风优良，充满战斗力的队伍，就成了企业的重中之重的课题。

三才教育论能够帮助企业实现团队建设的目标。

如果团队建设只是一味地说教、定规矩，利益刺激，这样的团队是没有什么凝聚力而言。大家只是为了利益而工作，企业设定的规章制度或者政策对于员工来说都是出于不得已而遵守，并不是从内心里认可和接受，就会产生逆反心理，或者出现上有政策、下有对策的现象。这样的团队建设，都是企业在单向地输出要求，员工被动地接受和遵守。

实行了三才教育的团队就会截然不同。因为三才教育是推崇自我修为、自我提高，所以员工自发地对自身内在的思想、心智、性格的提高，会从根本上提高员工的素养和能力，产生内在的原生动力。

思想是三才的因，决定了一个人的方向。如果一个企业的价值观和企业文化是正向的，那么就和三才教育的修为方向是一致的，员工和企业在思想上就会高度统一、高度认同，也就是说企业和员工真正做到朝同样的方向努力发展。而在心智和性格方面，每个个体都是有差异的，基本上心智决定了一个人发展领域范围的大小，性格决定了一个人发展速度的快慢。在一个团队里，如果心智和性格修为高的人，与企业在思想上又高度契合，那么这样的人就可以胜任团队领导人的职责，带领团队去发展，担当更多的责任。而心智和性格修为一般的人，可以做好自己的本分，尽一份力所能及的贡献，和团队一起进步。这样的团队是非常理想的团队，它可以自我调

整、自我进步，因为三才教育调动了团队的内生动力。

三才教育可以为企业打造一支思想上高度一致、行动上高度统一，同时又能充分激发个人潜能的团队，使企业的运营管理变得高效简便，甚至真正实现“无为而治”的理想状态。这样的团队也是最有竞争力和能量的团队，会迸发出源源不绝的活力和创造力。

## 第四节 三才教育与企业效益

三才教育论与企业效益的关系体现在以下几个方面：

第一，三才教育有助于企业创造社会效益。

企业的效益可以分为社会效益和经济效益。企业的社会效益简单地说就是对社会的积极贡献，包括企业为社会创造的就业、税收、公益捐款、产业进步、正向的价值导向等。应用三才教育的企业，必然会产生正面的社会效益。“三才”里面的“天才”即思想，一个基本的观念就是造福社会、造福人类。思想是决定方向的关键要素，推行三才教育的企业，在方向上就是正确的，就会少走错路，少走弯路。这样的企业会对社会贡献正面的社会效益，差别的只是企业规模大小不同，所创造的社会效益大小不同。

企业的经济效益中最主要的是企业所创造的经济利益。有不少企业，特别是私营企业都把自己企业的最大目标定位于为股东和员工创造最大的经济利益，而忽视了为社会创造社会效益。有的企业甚至只想着老板和股东的利益，连员工的利益都不重视，就更不可取了。因为这样的定位，当企业短期的经济利益和社会效益产生矛盾的时候，企业往往有可能

为了保证企业的经济利益而做出损害社会效益的行为。这样做的后果是：第一，有可能违反相关法律制度而受到处理；第二，即使没有受到法律或者规章制度的处理，但是损害了社会效益，也就是说对社会产生了负面影响，对企业品牌也是一种伤害。虽然企业的短期经济利益保住了，但是长期的经济利益迟早会受损。

追求社会效益，不是让企业以牺牲经济利益为代价。大部分时候，社会效益和企业的经济利益是一致的。在有些情况下，当社会效益和企业的短期经济利益产生冲突时，企业应该以社会效益为重，这样才是一个有社会责任感的企业，这样的企业也才有可能做大做强，行稳致远。

第二，三才教育有助于企业创造经济效益。

对于一个企业来说，经济效益非常重要，因为这决定了企业能否生存和发展。一个亏损的企业是无法长期生存的，更不用说创造社会效益了。

那么三才教育如何对企业的经济效益有所帮助呢？

就像一个人，在三才教育的理念下，经常反省自身，在"思想、心智、性格"各方面提高修为，严格自律，这样的个人一定会有所成就。对企业来说也是同样的。推行三才教育的企业，能够经常眼光向内，反躬自省，这样的企业也一定会不断进步，不断增强竞争力，从而创造出更大的经济效益和社会效益。

思想上的修为可以为企业掌握方向，在重大决策上不失误。心智上的修为可以为企业抵御风险，在顺境时候不迷失，在逆境时不放弃。性格上的修为可以为企业争取社会资源，将各方面的优势资源整合在一起，合作共赢。

所以三才教育论对一个企业来说也是非常重要的，可以起到事半功倍的作用。

# 第六章

# 以三才教育论看历史兴衰

一个社会、一个国家是由许许多多的个人组合在一起形成的。如果说三才教育论对单独个体的生活发展具有教育指导意义，那么对于一个由个体组成的整体——国家，是否同样有效呢？答案是肯定的。

三才教育论不仅仅可以应用于个人的教育、企业的发展，甚至在国家兴衰的层面，也可以运用三才教育论来研究分析，以古鉴今，给我们以借鉴和启发。

中国文化的产生可以追溯到许多上古时期的神话故事，例如《山海经》中的“夸父逐日”，《淮南子》中的“后羿射日”等。这些神话传说体现了中华文明的思想之源、文化之根。

我国古代神话大都紧紧围绕着“人的生存”这个主题，神话当中的英雄们往往都有着高昂的斗志和不畏艰难的精神，同时还饱含着浓烈的家国情怀。

一个人的心智会随着个人生活经验的积累而日趋成熟，一个国家、一个民族的心智也会随着这个国家和民族的历史演进而不断走向成熟。

近代中华民族的心智历程，是一个从迷茫困顿逐渐走向清晰成熟的过程的，是一个探索、寻找的过程。诚然，这个过

程并不是一帆风顺的，而是历经了曲折和磨难，但是中华民族奋发图强的历史车轮始终滚滚前行。

大国“心智”的成熟，其标志就是能够放下自我的成见，既不盲目自大，也不自我否定，而是能够用自信、平等而包容的心态看待其他文化，用一种大国特有的胸怀去接纳世界的各种文明，实施改革开放，加强与各国之间的联系，寻求一种和平的发展道路。

中国是一个拥有十几亿人口的大国，中国人有着自己相对稳定的性格特点，比如勤劳节俭、善于学习、注重家庭、谦虚含蓄，等等。这是由于中华儿女都有着相同的思想文化基础，并且经历了悠久的历史积淀，形成相应的性格特征。中国人勤劳肯干，信奉只有付出才能够得到回报，凡事取中庸之道，不过于偏激不走极端。

中华上下悠悠五千年历史，经历了无数的朝代更迭，下面列举一些在历史画卷上占据了重要地位的朝代，从三才教育论的视角，来分析论述这些历史时期所发生的风云际会的大事。

# 第一节　三才教育观秦王扫六合

春秋时期，秦国本身的地理位置并不是战国七雄中最为优越的，它地处西部边陲地区，最初的秦国只是汧水、渭水之间的一个很小的地方，仅仅是个小邑，是为周王饲养马匹的地方。在当时，比起物产丰富、土地富饶的中原各诸侯国，秦国处于相当落后的境况，一直都受到各诸侯国的排斥，被视为蛮夷之地。

然而，正是这样一个先天条件不足的国家，最后完成了秦王扫六合的大业，第一次统一了中国的版图。这个过程充满了不少传奇，这个结果更离不开秦国的历代君王在思想、心智和性格上所拥有的超越常人的能力。

秦国的崛起可以从秦孝公任用商鞅进行了历史上著名的商鞅变法开始说起。商鞅实施了以废井田、开阡陌、实行县制，奖励耕织和军功，实行连坐等为主要内容的变法，他的变法给秦国带来了翻天覆地的变化。

经过商鞅变法，秦国的中央政权得到了稳固，社会管理体制获得革新和改善，强有力的中央集权保障了国家内部的统一，使得秦国的经济迅速发展，军队力量也日益强大。

到了秦王嬴政登基的时候，秦国的实力已然不容小觑，所以秦王嬴政接手的是一个日益富强的国家集团，但是他却并没有因此而松懈。

嬴政积极采纳李斯的建议，铲除了长期把持朝政的丞相吕不韦，采用了两大并行的战略来逐步吞并、灭亡其他六国。一是决定从内部瓦解敌人，派出纵横家、游说家逐个击破六国之间的合纵策略。二是根据各国的实力进行从弱到强的排列，制定出具体的战略计划，逐个击破，使得其他六国唇亡齿寒。

这些战争和策略无一不体现出秦王嬴政的雄才大略和长远战略目光。最终秦王嬴政逐一灭掉了韩、赵、魏、楚、燕、齐，扫六合，大一统，正式登基称帝，建立了中央集权制度，奠定了中国千余年的政治制度基本格局，秦始皇也成为中国历史上的第一位皇帝。

秦始皇统一六国并非凭一己之力，而是在六代人的共同努力奠定的基础上，才得以实现大一统的抱负。

如果没有秦孝公的求贤纳才、变法图强，秦国就不会逐渐强大，成为超级大国。

如果没有秦惠文王灭巴国、占巴蜀，秦国就不会有源源不断的粮草后勤补给。

如果没有秦武王平定巴蜀，设立三川郡，秦国就不会为进击中原做好强有力的铺垫。

如果没有秦昭襄王长平之战大破赵军，灭西周，不会为秦

统一打下基础。

如果没有秦孝文王大赦罪人，优待先王功臣，就不会有君臣上下齐心协力、倾全国之力统一六国的坚定信念。

如果没有秦庄襄王灭东周国，就不会让秦统一六国时无后顾之忧。

总而言之，秦统一六国并不是偶然的，这期间并未出现一个昏君，哪怕秦孝文王只在位三天。

从三才教育论来看秦国的统一大业，可以说秦的历代君王在三才方面都是杰出的人才。首先在思想上，秦的历代君王都一脉传承了统一天下的雄心大志。虽然前几任君王在位期间，没有实现这一理想的实力和环境，但是都在朝着这个方向做着积极有效的努力和积累。最后到了秦王嬴政这一代，各方面条件都成熟了，通过嬴政的纵横捭阖，雄韬伟略，终于实现了几代人的梦想，完成了大一统的伟业。

再看一下心智和性格方面，秦国的历代君王可以说都是很杰出的人才，他们在治理国家、发展壮大秦国上都做得非常出色。在心智上，他们不是急功近利、好高骛远，而是精明务实、审时度势；在性格上不是故步自封、偏安一隅，而是勇于进取、开疆拓土。可以说每个君王都很好地完成了自己的历史使命，像一个接力赛，每一个选手都很好地跑完了自己的这一段路程，最大程度上让秦取得了很好的身位，把接力棒交给了下一位跑者。

秦朝建立初期，秦始皇在中央设立了“三公九卿制度”，分别任以不同的职权管理国家的大事。废除了“分封制”代以“郡县制”，这样一来又进一步加强了皇帝的权力，防止像上一个朝代一样出现地方诸侯割据的局面。实行“书同文、车同轨，统一度量衡”等制度，全国统一的文字小篆也是在秦朝的时候出现的。修筑长城，北击匈奴，南征百越，秦朝一度达到了繁荣的顶峰。

那么为什么如此繁荣强盛的秦朝却经历了短短二代便灭亡了呢？主要原因是由于秦始皇滥用民力，加重赋税，对农民的剥削和压迫达到了极致。

在秦朝统一、国内局势基本稳定下来之后，秦始皇建造了一支十分庞大的中央军队和官僚统治机构，完成了许多以当时的人力、物力条件来看难以承受的国防建设和土木建筑，比如阿房宫、长城，等等，还迁移关中五十万秦人到岭南，使得关中地区人力空虚，动摇了秦的统治基础。

秦二世胡亥继位的时候，压迫百姓、压迫农民的现象不减反增。当时的农民生活非常悲惨，在犬口中夺食，甚至衣不遮体，他们中的很多人在暴吏酷刑的逼迫下逃亡山林，密谋举行暴动。秦二世的暴政大大激化了当时的社会矛盾，农民暴动屡见不鲜，也为日后统治集团的土崩瓦解埋下了一颗定时炸弹。

秦王嬴政一手建立起来的大秦王朝，就在他去世之后短

短数年时间便土崩瓦解，成为滚滚历史长河中转瞬即逝的一朵浪花。

从三才教育论的角度去分析秦始皇嬴政，在他打江山的时候，他成就天下伟业、江山大一统的远大思想，以及深谋远虑、懂得因时而动、韬光养晦的成熟心智无疑是十分有利的。他知人善用、意志顽强、杀伐果断，这种性格也是对于他成就江山伟业十分有利的。

然而三才教育论也指出人的思想、心智和性格三才并不是稳固不变的，而是会随着人阅历的增加与时间的推移，在潜移默化当中产生变化。外部环境发生了变化，人的三才相应地要进行调整和适应，就好像当外界四季变换、寒暑交替的时候，我们的身体要适时做出调整和适应，否则我们的身体就会出问题，产生疾病。人的三才也是如此，不能以不变应万变，而应该在变化中完成自我的调节和平衡。

秦王嬴政在打下江山完成统一伟业，自称为皇帝的那一刻，他的“三才”便应该适时进行调整和改变，以适应他新的社会角色。此时，秦国需要的是一位勤政爱民、体恤百姓疾苦的明君，可是秦始皇却停留在那个叱咤风云、豪取天下的三才当中。后期的秦始皇更是沉溺于修仙得道、长生不老的幻想中，思想上由追求天下一统转变为追求个人权力的稳固；心智上由发愤图强、积极进取转变为了刚愎自用、固步自封；性格上则是由举贤纳士、知人善用转变为残暴多疑、唯我独尊。

正所谓“打江山容易，守江山难”，秦始皇作为一个王朝的开创者，他统一国家后，在治理国家时三才方面的修为不足，导致历经几代人的努力奋斗、用尽了一百多年千辛万苦统一的秦朝，仅仅维持了二十年就毁灭了，仿佛流星般转瞬即逝，更导致那个时代无数生灵涂炭，无数百姓流离失所。由此可见，三才对一个人的影响是巨大的，人又在不同程度上对社会产生着影响，做好三才教育不仅仅是为了个人的发展，更是为了整个社会能够繁荣稳定。

## 第二节　三才教育观安史之乱

李隆基和杨玉环的爱情故事被历代传颂，甚至编成了戏剧搬上了舞台，或改编成电视剧、电影，经久不衰。但是，这场爱情悲剧的背后，隐藏的是一场政治的悲剧。

安史之乱是唐代由盛转衰的一个重要转折点，也是那个时代人民的一场浩劫。安史之乱的产生与唐玄宗中后期的三才方面的变化是密不可分的。

唐代经历了唐太宗的贞观之治和唐玄宗的开元盛世之后，已经发展为一个物资丰富、政通人和的时代。

在唐玄宗所统治的开元时期，虽然整个唐代的经济达到了空前的繁荣，但是土地的兼并及皇帝给官僚无限制的赐田等众多原因，起到稳定社会作用的均田制遭到了破坏，产生了许多流民。到了开元末年，唐玄宗李隆基更是整天过着纵情声色的生活，统治阶级的腐朽使得民众的负担加剧了，也激化着社会的矛盾。

当时唐朝的宰相李林甫贪污腐败，结党营私，把持朝政，杨贵妃的兄长杨国忠更是公然受贿，嫉贤妒能，骄傲跋扈。即使朝廷当中的腐败已经滋生蔓延，沉浸于声色犬马的唐玄宗

依旧没有察觉。

真正促成安史之乱的导火索是中央与地方军阀势力之间的矛盾激化。安禄山盘踞一方，其所掌握的军队无论从数量上还是质量上都大过了中央军，以至于天宝末年爆发了安史之乱，没过多久安禄山便占据长安，唐玄宗则带着杨贵妃逃到了马嵬坡。

军心不稳，六军愤怒，在高力士的劝说之下，唐玄宗为了安定军心，忍痛命令高力士在佛堂缢死了杨玉环，这就是历史上著名的“马嵬之变”。

虽然一个朝代的动荡干系不可能全在皇帝一人身上，但是唐玄宗身处要位，如果能够及早发现端倪并加以整治，就算不能完全避免最后的悲剧结果，也能将其程度大大减轻。

唐玄宗在前期带领唐朝迎来了开元盛世，后期却又导致唐朝发生了由盛转衰的安史之乱。用三才教育论的角度进行分析，我们不难发现，前期唐玄宗的雄才大略以及统领天下的胸怀智慧是毋庸置疑的，他具备管理一个国家的才能，使得唐朝的经济、政治、文化都达到了空前的繁荣。

但是同国家繁荣一起随之而来的是更大的诱惑，当时各朝将唐朝奉为天朝上国，西域、扶桑上贡的各种奇珍异宝数不胜数，再加上来朝各国的使节态度卑微，俯首称臣，这一切都给唐玄宗造成了一种江山稳固、丝毫没有可担忧之处的假象，这也是促成唐玄宗后期沉溺声色的一个重要原因。

在思想上，唐玄宗从小受到良好教育，必然明白要心怀天下苍生百姓的道理，可是他身处庙堂高处，实际上并不真正了解百姓疾苦，这也使得皇帝的爱民之心经常是虚无缥缈的，百姓、人民在他的心中并没有一个具象化的形象，纵使他有思想也难以将思想落实。这就是为什么每一个朝代在开国的时候总是能够保持清廉的作风，而随着皇权的更迭，皇室就很难保持清廉之风，也做不到真正了解民意，后期皇帝往往就成为昏庸腐败的统治者了。

开朝的皇帝大都是见过百姓贫苦，知道民生疾苦的，是从“草根”上来的，后朝的皇帝则是含着“金汤匙”出生的，锦衣玉食，并不清楚自己的所作所为将给黎民众生带来怎样的后果，自然也没有办法真正从思想上爱民如子。

再看心智方面，唐玄宗虽然贵为一国之君，但是他在心智上无疑是不够成熟的，这也导致他在后期经不住物质方面的诱惑，一度沉溺于美色与艺术创作。

在艺术上不得不承认唐玄宗是有所成就的，唐玄宗亲自谱写的《霓裳羽衣曲》，无论是填词还是音乐上的造诣都是非常高的，但是这种艺术上的成就对于一国之君来说是没有什么意义的。一个人的精力只有那么多，要更多地分配给艺术，那么势必就要减少政治、经济、军事上面的管理时间，分配给治理国家的精力便会大大减少，这是身为皇帝的无奈。也正因如此，往往出现在艺术上有着较高成就的皇帝，反而在治理国

家上不是一个称职的皇帝的现象。比如五代南唐的亡国之君李煜，宋代的亡国之君宋徽宗，他们在艺术上都有着过人的成就，可是在统治国家方面却成了王朝的终结者。

从三才教育论的角度去看，除了一些极端的性格之外，大多数的性格并没有严格意义上的好坏之分，而是要看合适不合适。

若是将多愁善感的性格放在一个文人身上，便可能造就出温庭筠、柳永那样的一代才子。但是这样的性格若是落在一个帝王的身上则会成为一种负担、一种包袱，甚至会造成很大的灾难。无论是对于皇帝本人来说，还是对于天下百姓来说，都是不幸。

所以，三才教育论强调人的三才是动态平衡的，要根据一个人的社会角色而调整。我们首先要明确思想，清楚地知道自己要做一个什么样的人，然后由我们自身的社会定位来培养提升自己的三才，使其达到自身的社会角色所需要的三才修养。很多时候这不仅仅关系到自己，也关系到家人和朋友，甚至影响到社会各个方面。像历史上的这些皇帝，当他们坐上皇位的时候，就注定了治理好国家是他们应该肩负的最大的责任，他们的三才也必须调整到成为一个称职的最高管理者的高度。如果做不到这样，就会出现“德不配位，必有灾殃，人不配财，必有所失”的情况，实乃国之不幸、民之不幸。

# 第七章 三才教育论与弘扬中国传统文化

中华优秀传统文化浩如烟海、博大精深，既是中华民族生存发展的精神支撑，也是中国特色社会主义植根的文化沃土。新时代坚持和发展中国特色社会主义，推进全面建设社会主义现代化强国，必须大力弘扬中华优秀传统文化。

中国传统文化展现着中华民族独特的精神追求和价值观念，潜移默化地影响着中国人民的思想方式和行为方式，可谓是我们最深厚的文化软实力。回顾华夏大地五千多年的发展历程，我们之所以创造了源远流长、博大精深的中华文明，之所以历经磨难而不衰、饱经风霜而不败，其根本原因正是贯穿在中华优秀传统文化中的思想理念、传统美德和人文精神的持久涵养，使得中华民族能在漫漫历史长河中生生不息、不断繁衍。

## 第一节　三才教育有利于吸收和继承传统文化

“以史为鉴可以知兴替，以人为鉴可以明得失。”

古人云：“欲要亡其国，必先灭其史；欲灭其族，必先灭其文化。”由此可见，传承弘扬优秀传统文化对于一个国家和民族的生存与发展是何其重要！

应该如何弘扬传统文化呢？最重要的是要让全社会、特别是年轻人，深入了解传统文化，进而认识民族的根，感悟文化的意义，自觉地关心传统文化。弘扬传统文化不是复古，不是排外，而是认真对待古代的、国内外的一切先进的东西，善于利用那些有积极意义的东西。很多人似乎只是学到一些皮毛，甚至是学了糟粕。要经过比较和鉴别，抓住精髓，把对传统文化的热爱与自身的行动统一起来。

当前，各种思想文化交流、交融、交锋，如何对待传统文化，社会上存在着各种不同看法。有些人盲目“以洋为尊”“以洋为美”“唯洋是从”，跟在西方文化后面亦步亦趋，这是非常不可取的。另一方面中华传统文化有其优点也有其局限，可以说是精华与糟粕混杂、积极与消极并存，必须以科

学的态度对待它，坚持全面、历史、辩证地看待它。既要认识到它蕴藏着丰富的思想哲理和文化精髓，有利于更好地回应时代需求和解决现实问题；又要认识到它是在特定的历史条件下形成和发展起来的，不可避免会受到当时人们的认识水平、时代条件、社会制度局限性的制约和影响。

新时代背景下，要把中华优秀传统文化更好地传承下去，必须推动传统文化继续保持自身的优秀特质、发挥自身优点长处，推动优秀传统文化与现实文化相融相通，努力推进中华优秀传统文化在当代社会生根发芽、开花结果，不断使其结合新的实践要求，推动其不断创新发展，更好地融入当今时代、服务当代社会。

要正确认识和对待传统文化，必须坚持以能不能解决今天中国的问题、能不能回应时代的需求和挑战、能不能转化为推动实现中华民族伟大复兴的有益精神财富作为评价标准，使其成为有利于解决现实问题的文化，有利于助推社会发展的文化，有利于培育时代精神的文化。

“独学而无友，则孤陋而寡闻”，大力弘扬中华优秀传统文化，必须正确处理本土文化与外来文化的关系，既要不断取其精华、去其糟粕，又要以海纳百川、有容乃大的精神气度对待外来文化，不断在汲取世界其他文明的养分中实现创新发展。不忘本来才能始终保持中华文化与生俱来的民族特色，使其以独具一格的理念向度、精神气度，卓然屹立于世界文化之

林，不断绽放出绚丽夺目的光彩。兼容并蓄才能敞开胸襟面对未来，广泛借鉴吸收各国各民族思想文化的长处和精华，使之服务于本土文化建设，不断为中华优秀传统文化的创新发展注入新的活力。

人类社会几千年文明发展积累的一切理性知识和实践知识是世界各国和各民族的共同财富，是人类社会实现不断发展的重要基础。对于古今中外的一切人类文明优秀成果，我们都应该采取学习借鉴的态度，都应该积极吸纳其中的有益成分，使之与当代文化相适应、与现代社会相协调，把跨越时空、超越国度、富有永恒魅力、具有当代价值的优秀文化和精神弘扬起来。

三才教育论对吸收、继承、弘扬传统文化可以提供很大的助力和推广作用，主要表现在以下三个方面。

第一，三才教育论鼓励人们进行自我修养的打造，建立和提高自己的“思想、心智、性格”这三才的修为和能力。一个经常反省自身、自律进取的人，实际上就是对中国传统文化的一种践行。正如《论语·学而》里写道：“吾日三省吾身，为人谋而不忠乎？与朋友交而不信乎？传不习乎？”这句话意思是：我每天多次反省自己，为别人办事是不是尽心竭力了呢？同朋友交往是不是做到诚实可信了呢？老师传授给我的学业是不是复习了呢？

可以说三才教育论本身就是“吾当三日自省吾身”的一

种实际践行。

第二，三才教育论体现出中医学、儒家等经典传统文化的精髓。在自我学习、修为三才教育理念的时候，就会潜移默化地吸收这些传统文化的精髓和思想，必将促进对传统文化的理解、吸收、继承，从而在新的时代将传统文化继续发扬光大。

第三，三才教育论可以使一个人对传统文化从新的视角来理解。具备了三才能力的人，在对传统文化、历史事件的理解上，必然会在广度和深度上更进一步，会更深刻、更准确地掌握传统文化的精髓和内在道理。这样才更有可能在当前所处的时代，将传统文化博大精深的妙用发挥得淋漓尽致，运用传统文化的能量为当代中国的发展做出贡献。

## 第二节　三才教育有助于建立文化自信

三才教育论当中最核心的文化观念便是文化平等观。目前我国社会进入高速发展时期，全面小康社会已经基本建成，人民的物质生活水平有了飞跃式的提高，人们开始越来越注重精神和文化的需求。对于中华文化来说是一个重要的发展机遇，同时也面临着不小的挑战。

伴随着社交媒体的快速发展，人们每天接触到海量的信息，在各种媒体上传播的、来自国内外的文化资讯、信息报道等，不可避免存在内容鱼龙混杂、良莠不齐的现象。一般人如果没有很强的辨识度和独立思考能力，就很容易被一些不属实或者歪曲的文化信息所误导，受到负面影响，产生不良的社会情绪，这对个人、对社会、对国家都是有害的。这时候我们非常需要坚持培养文化自觉、文化自信。

无论是一股脑地认为国外的文化都是好的，还是一股脑地认为本国的文化都是好的，都是相对极端的思想。正确的文化思想应该是文化平等，对各种文化、文明都保持平等尊重的态度，既坚持我们自己的优秀传统文化，也具有包容并蓄的心态和胸怀，对来自外部或者外国的文化思想，懂得分析和辨

识，取其精华去其糟粕，学习先进并为我所用。

人类文明的发展离不开世界各国文化的交流和合作，无论在思想、艺术、科技、民俗等各方面，文明在不同的文化中都有相通之处，都有共鸣之声。

要扩大文化的对外交流，善于在不同的文化中发现共鸣，把握共识，推动中华文化的发扬和进步。

在这里提一下外语学习的话题。外语就是一个人除了母语之外，所掌握的非本国人使用的语言。学习外语的过程也是在学习这门语言所承载的文化和文明，就像在学习母语中文的时候，自然地就对中华文化进行了学习和吸收，因为我们使用的学习资料大量的都是记录中华文化和文明的，传递的也是中华历史悠久的思想和理念。

那么当我们在学习外语的时候，自然也会选择该门外语相关的书籍、影像、传媒等学习资料，那么就会接触到进而吸收到这些学习资料所记录或承载的国家或民族的文化，这个文化所包含的思想和理念就会影响到我们。任何文化都有其局限性，都是优秀与糟粕并存的，外语的学习资料如果选得好，我们就可以在学外语的过程中，吸收不同文化中优秀的部分，从而丰富和提高自我。如果外语的学习资料选择不当，或者不懂得辨析地学习，就会受到外来文化中糟粕部分的影响，对自身的思想和行为产生负面的误导，那就得不偿失了，这是一定要重视和注意的。

那么外语的学习资料该如何选择呢？大多数人是按照自己的兴趣来选择的。但是我们还应该注意要选择一些对我们有益的学习资料。有两个方面需要注意：兴趣和有益。怎么判断学习资料是否对我们有益呢？一个简单的方式就是：用三才教育论去衡量筛选。不管外语的学习资料是书籍、影像作品或是其他形式，只要它的核心理念在思想、心智、性格方面都是积极正面的，所记录的内容是真实客观、符合客观规律的，那么就可以选择。这种学习外语的方式，可以称之为“价值外语学”，也就是选择有价值的内容去学习。比如学习英语，就可以用“价值英语学”的方法去学习，可称之为“Value English”。只有这样，我们在学习外语的过程中，才不只是学习了这门语言，更重要的是学习了这门语言所承载的文化中有益的、有价值的部分，我们才能在外语的学习当中真正受益和进步。

那么在我们进行文化交流中，如何才能够做到文化平等呢？我认为要做到真正的文化平等，我们首先要建立文化自信，对中国传统文化、中华五千年的文明有足够的自信。中国是一个拥有着上下五千年历史的传统文化大国，中国的文化艺术宝库当中有无数文化瑰宝，唐诗、宋词、明清传奇、戏剧，等等，都有着极高的艺术价值；中国的四大名著《红楼梦》《西游记》《水浒传》《三国演义》为人们历代传颂，成为经久不衰的文化经典；中国的四大发明——火药、造纸术、印

刷术、指南针改变了人类的历史，大大推动了人类的进步；长城、故宫、颐和园等古建筑令世人叹为观止，堪称人类建筑奇迹。如此多的文化积淀、文明延续，现代的中国人应该感到骄傲和自豪，并建立足够的文化自信。

三才教育论对于建立文化自信，形成文化平等观有着促进和助力作用，体现在以下两点：

第一，三才教育论提倡人们对自身的三才进行持续的修行和提升。学习和提升自身的三才的过程，就是对中华传统文化、其他优秀文化的一个学习、吸收和理解的过程。对一个文化拥有自信，是建立在对这种文化的广泛了解和深刻理解的基础上的，很难想象一个对中国传统文化一无所知的人，能够真正建立起对中国文化的自信，这样的人建立起来的"文化自信"，更多是一种盲目的"文化自大"，同样是不可取的。中华优秀的传统文化中，对于提升思想、促进心智、改善性格方面有着取之不尽的文化源泉，三才教育可以从中汲取丰富的营养，来反馈给学习三才教育的主体。可以说在三才教育的学习和修为提升过程中，中华优秀的传统文化是无处不在的，文化自信会以"润物细无声"的方式，水到渠成地形成建立起来。

第二，三才教育论提升人的独立思考能力，对外界事物的辨别和分析能力，以及调整自身适应外部环境的综合能力。当置身于各种文化信息和理念当中，感受到不同的文化冲击

的时候，三才能力高的人，会自觉地进行感受、识别、分析，进而进行自我调整。三才教育就是提高和改善自我的三才，以适应外界环境的变化。文化影响和冲击也是外部环境变化的一种，思想、心智、性格三个方面都有很高修为的人，是不会轻易被一种新的文化、思潮、理念所改变的，会运用自身的文化修为，经过鉴别理解、思考分析、独立判断之后，才产生决定和行为。最终通过取其精华、去其糟粕的方式来吸收外来文化，丰富发展自己。这就好像一个免疫力强的人，经历四季寒暑都不会产生疾病，因为自身会调节适应环境，保持身体健康。

所以，三才教育论会推动和促进全社会文化自信的建立。文化自信的建立又会带来全社会人员在三才素养上的普遍提高。拥有文化自信的人必然会有更高的综合素质，更有竞争力；拥有文化自信的社会必然会更加和谐，更有生命力。这就形成了一个良性循环，对国家、社会和个人的发展都是具有非常积极的意义。

# 结语

本书对三才教育论进行了全面的阐述，然而丰富和完善这一理论需要走很长的路，也非一个人的力量所能及。教育理论的科学性和有效性，需要大量和长期的实践积累来验证和完成，非一日之功。积跬步，以至千里，理论的提出是迈向实践探索的重要一步。

随着国家的发展和社会的进步，人们的生活水平有了很大的提高，生活质量得到了很大的改善。然而不管时代发展到了哪一个阶段，总是会遇到各种各样的问题。物质的极大丰富，并不是对应着人们的精神就自然而然地丰富和提高了。三才教育就是在新时代的发展下，从中国传统文化中汲取教育理念，来完成当代人的素质培养和提升。

三才教育论提倡自我学习、终身学习。提倡在人生的不同阶段，经常审视自身的思想、心智、性格，做到自我完善，自我提升。如果我们都能够做好各自的小我，那么整个社会和国

家就会更加美好与和谐。

人才一直都是最强大的生产力，在当今科技兴国的背景下，更是如此。时代发展到今天，对人才的要求已经不仅仅局限在专业知识领域，而是包括思想、心智、性格等全方面的综合竞争力。须知越是高端人才的竞争，越是对人全方面能力的考验。对个人如此，对社会甚至国家来说，也是如此。三才教育论就是致力于培养全面型人才的一种教育理论。

从一定意义上说，教育决定一个国家和民族的未来，是一个民族最根本的事业。古人云："吾生也有涯，而知也无涯。"对教育之路的探索是无止境的，也是与时俱进的，希望三才教育的理论能够给更多人带来启发，对我们国家素质教育的丰富和发展做出一点贡献。